Easy Chinese Textbook Series Project Team

《易达汉语系列教材》编委会

Series Design:
策　划：达世平 Da Shiping　达婉中 Wendy Da

Chief Author:
主　编：达世平 Da Shiping

Writing & Editing Team:
编　委（按姓氏笔画排列）：

史舒薇 Shi Shuwei	达世平 Da Shiping	达婉中 Wendy Da	应 鹏 Ying Peng
余建军 Jean Yu	张新明 Zhang Xinmin	翁敏华 Weng Minhua	
黄亚卓 Huang Yazhuo	章悦华 Susan Zhang	谢采琴 Xie Caiqin	

易达汉语系列教材
Easy Chinese Textbook Series

Learning spoken Chinese by rhythmic chants

汉语韵律会话

达世平　主编
Chief author: Da Shiping

英文审定：Dr. Holly Jacobs
English editor　Dr. David Surowski

BOOK 2
第二册

北京语言大学出版社
BEIJING LANGUAGE AND CULTURE
UNIVERSITY PRESS

（京）新登字157号

图书在版编目(CIP)数据

汉语韵律会话·2/达世平主编.
–北京：北京语言大学出版社，2005
ISBN 7-5619-1510-1

Ⅰ.汉…
Ⅱ.达…
Ⅲ.汉语—口语—对外汉语教学—教材
Ⅳ.H195.4

中国版本图书馆CIP数据核字（2005）第110439号

书　　名：汉语韵律会话·❷
责任印制：汪学发

出版发行　北京语言大学出版社
社　　址：北京市海淀区学院路15号　邮政编码：100083
网　　址：http://www.blcup.com
电　　话：发行部 82303648/3591/3651
　　　　　编辑部 82303395
　　　　　读者服务部82303653/3908
E-mail ：fxb@blcu.edu.cn
印　　刷：北京鑫丰华彩印有限公司
经　　销：全国新华书店

版　　次：2005年11月第1版　2005年11月第1次印刷
开　　本：889毫米×1194毫米　1/16　印张：11.25
字　　数：158千字　印数：1—3000册
书　　号：ISBN 7-5619-1510-1/H·05122
　　　　　08800

凡有印装质量问题，本社负责调换　电话82303590

CONTENTS
目录

CONTENTS
目录

PREFACE
前 言

Learning spoken Chinese by rhythmic chants, the backbone of the *Easy Chinese Textbook Series*, is intended for overseas younger to learn Chinese as a foreign language. There are altogether 8 volumes of textbooks. Each volume contains 6 units with several lessons in each unit.

Learning spoken Chinese by rhythmic chants focuses on communicative functions with emphasis on repeated recycling of the vocabulary and progressive sequencing of the language structures. The most distinctive feature of this series is the rhyming texts, which allow students to read the texts aloud and memorize them easily. The dialogue and the exercises of each lesson are designed based on the content of the text, which is repeatedly presented and expanded through the lesson so as to help students consolidate their mastery of the language. Before publication, the drafts of the materials were used successfully by several international schools in China, where it was found that students are interested in reading aloud the rhyming texts, thus their enthusiasm about Chinese learning being increased.

The first two textbooks of this series focus on conversations of entry-level. Basic pronunciations and intonations are taught, and simple and practical expressions used in everyday life are presented, aiming at furnishing learners with basic skills to deal with such everyday issues as clothing, food, residence and transportation. In addition, each lesson contains an elementary introduction to aspects of Chinese culture and geography.

The third and fourth textbooks focus on expansion of students' vocabulary and expressions on the basis of what they have learned in the first two textbooks. By learning rhyming dialogues, students acquire the language skills quickly and increase their fluency in everyday life conversation.

The texts in volumes 5 and 6 set against a background of modern Chinese society and culture, with which students could expand their knowledge in these directions while they are learning the Chinese language.

The texts in volume 7 and 8 use a background of Chinese culture and geography from ancient times to the present in order to bring about a more complete understanding of China's extensive and profound historical culture.

Depending on the students' ages upon the completion of either volume 2 or volume 4, *Magical Chinese Characters* of the *Easy Chinese Textbook Series* may be used to further students' learning of Chinese characters.

Compiler

PREFACE
前 言

　　《汉语韵律会话》是"易达汉语系列教材"的主干教材，是一套以国外青少年为主要教学对象的系列汉语口语教材，共8册，每册6个单元，每单元包括若干课。

　　这套系列教材以交际功能为主线，同时兼顾词汇的重复率和语言结构的递进性。这套教材的最大特点是，课文采用富于韵律的语言编写，琅琅上口，便于记忆。每课的对话及练习也都紧紧围绕课文内容不断复现、延展，以巩固教学效果。在正式出版之前，这套教材在中国的一些国际学校中已经试用。诵读韵律课文大大提高了教学的趣味性和学生的学习积极性。

　　本系列第一、二册为汉语会话入门，要求学生能初步掌握语音语调，学会最简单的实用生活用语，解决在汉语环境中日常生活中衣食住行的"生存"问题。第一、二册每单元还简单介绍了有关的中国文化和地理。

　　第三、四册在第一、二册的基础上增大词汇量，扩展对话内容的广度，学生在韵律会话中能很快掌握语言技能，从而应付较为丰富的日常生活，提高在汉语环境中生活的质量。

　　第五、六册以当代中国社会及文化为背景，让学生在学习汉语的同时，初步了解当代中国社会文化。

　　第七、八册以中国文化地理为背景，贯穿古今，便于学生初步了解中国博大精深的历史文化。

　　根据学生的不同年龄段，在完成《汉语韵律会话》2册或4册后，可以使用"易达汉语系列教材"中的《汉字字母教程》，强化汉字教学。

编者

Xiànzài Jǐ Diǎnzhōng

现在几点钟

WHAT TIME IS IT NOW

UNIT **1**

第一单元

Objectives

Upon successful completion of unit 1, students will be able to: >>

★ use the appropriate nouns to indicate time accordingly;

★ use the following sentence patterns in a conversation or statement:

1. use the correct order to indicate dates and time,

2. correctly use the sentence patterns with a time adverbial,

3. use the auxiliary verb "能" to indicate whether it is possible for someone to do something.

★ learn 7 Chinese characters and phrases.

Lesson One
第一课

Xiànzài jǐ diǎnzhōng?
现在几点钟？

What time is it now?

1.1

Kèwén
课文
Text

Chant ①

Xiànzài jǐ diǎnzhōng?
现在 几 点 钟？

Xiànzài zǎoshang qī diǎnzhōng,
现在 早上 七 点钟，

kuài diǎnr chī zǎofàn.
快 点儿 吃 早饭。

Xiànzài jǐ diǎnzhōng?
现在 几 点 钟？

Xiànzài zǎoshang qī diǎn bàn,
现在 早上 七 点 半，

kuài diǎnr qù xuéxiào.
快 点儿 去 学校。

Xiànzài jǐ diǎnzhōng?
现在 几 点 钟？

Xiànzài shàngwǔ bā diǎnzhōng,
现在 上午 八 点钟，

kuài diǎnr qù shàng kè.
快 点儿 去 上 课。

Xiànzài jǐ diǎnzhōng?
现在 几 点 钟？

Xiànzài zhōngwǔ shí'èr diǎn,
现在 中午 十二点，

kuài diǎnr chī wǔfàn.
快 点儿 吃 午饭。

Xiànzài jǐ diǎnzhōng?
现在 几 点 钟？

Xiànzài xiàwǔ sān diǎnzhōng,
现在 下午 三 点钟，

kuài diǎnr qù dǎ qiú.
快 点儿 去 打 球。

Xiànzài jǐ diǎnzhōng?
现在 几 点 钟？

Xiànzài wǎnshang qī diǎn bàn,
现在 晚上 七 点 半，

kuài diǎnr chī wǎnfàn.
快 点儿 吃 晚饭。

Xiànzài jǐ diǎnzhōng?

现在 几 点 钟？

Xiànzài wǎnshang jiǔ diǎnzhōng,

现在 晚上 九 点钟，

kuài diǎnr qù shuì jiào.

快 点儿 去 睡 觉。

1.1 Shēngcí 生词 New Words

bàn	半	(num.)	half
dǎ qiú	打球		to play ball
diǎnzhōng	点钟	(n.)	o'clock
fàn	饭	(n.)	meal; cooked rice
kè	课	(n.)	lesson; class
kuài	快	(a.)	quick
kuài diǎnr	快点儿		to hurry up
shàng kè	上课		to attend a class; to be in class
shàngwǔ	上午	(n.)	morning (from breakfast to lunch)
shíjiān	时间	(n.)	time
wǎnfàn	晚饭	(n.)	supper
wǎnshang	晚上	(n.)	evening
wǔfàn	午饭	(n.)	lunch
xiàwǔ	下午	(n.)	afternoon
xiànzài	现在	(n.)	now
xuéxiào	学校	(n.)	school
yīdiǎnr	一点儿		a little
zǎofàn	早饭	(n.)	breakfast
zǎoshang	早上	(n.)	early morning (usually before breakfast)

zhōng	钟	(n.)	clock
zhōngwǔ	中午	(n.)	noon

Huìhuà
会话
Conversation

Lìshā : Xiànzài jǐ diǎnzhōng?
莉莎 : 现在 几 点钟？

Dàwèi : Xiànzài qī diǎn bàn.
大卫 : 现在 7 点 半。

Lìshā : Nǐ jǐ diǎnzhōng shàng kè?
莉莎 : 你 几 点钟 上 课？

Dàwèi : Wǒ bā diǎnzhōng shàng kè.
大卫 : 我 8 点钟 上 课。

Lìshā : Nǐ yào kuài yīdiǎnr.
莉莎 : 你 要 快 一点儿。

Dàwèi : Hǎo de.
大卫 : 好 的。

Yǔyīn liànxí
语音练习
Pronunciation

A. 半三声　　Half-third tone:

jiǔshí	—	shíjiǔ		qímǎ	—	mǎshàng
zìdiǎn	—	diǎn míng		qǐng jìn	—	qǐng zuò
Fǎwén	—	fāngfǎ		qǐng hē	—	qǐng chī
gǎngbǐ	—	Xiānggǎng		qǐngqiú	—	qǐngwèn
Hànyǔ	—	yǔyán		shēntǐ	—	tǐcāo

B. 轻声   Neutral tone:

tiān liàng	—	shāngliang	bàodào	— wèidao
mǎshàng	—	chuán shang	xìnxīn	— diǎnxin
dòuzhēng	—	fēngzheng	guāngmíng	— cōngming
hūxī	—	xiūxi	dōngxī	— dōngxi

Wánchéng duìhuà
完成对话
1.1   Complete the Dialogue

Look at the clocks and answer:

Xiànzài jǐ diǎnzhōng?
现 在 几 点 钟?

Xiànzài
现 在 _____ 。

_____ 。

_____ 。

Yīngwén fānyì
英文翻译
English Version

Chant 1

What time is it now? It's now 7 o'clock in the morning. Hurry up and eat breakfast.

What time is it now? It's now 7:30 in the morning. Hurry up and go to school.

What time is it now? It's now 8 o'clock in the morning. Hurry up and go to class.

What time is it now? It's now 12 o'clock at noon. Hurry up and eat lunch.

What time is it now? It's now 3 o'clock in the afternoon. Hurry up and play ball.

What time is it now? It's now 7:30 in the evening. Hurry up and have supper.

What time is it now? It's now 9 o'clock in the evening. Hurry up and go to bed.

Conversation

Lisa : What time is it now?

David : It's half past seven.

Lisa : What time do you go to class?

David : I go to class at 8 o'clock.

Lisa : You should hurry up.

David : OK.

Lesson Two
第二课

duànliàn shēntǐ xīnqíng hǎo
锻炼身体心情好

Exercise makes you happy

Kèwén
课文
Text

Chant ❷

Zǎoshang kànkan tiān, jīntiān tiānqì hǎo.
早上 看看 天, 今天 天气 好。

Zǎoshang xǐxi zǎo, jīntiān jīngshen hǎo.
早上 洗洗 澡, 今天 精神 好。

Zǎoshang chīchi bǎo, jīntiān shēntǐ hǎo.
早上 吃吃 饱, 今天 身体 好。

Shàngwǔ qù xuéxiào, shàng kè xuéxí hǎo.
上午 去学校, 上 课 学习 好。

Zhōngwǔ qù shítáng, chī fàn yíngyǎng hǎo.
中午 去 食堂, 吃 饭 营养 好。

Xiàwǔ qù cāochǎng, duànliàn shēntǐ hǎo.
下午 去 操场, 锻炼 身体 好。

Wǎnshang zuò zuòyè, jīntiān xuéxí hǎo.
晚上 做 作业, 今天 学习 好。

Wǎnshang kàn diànshì, jīntiān xīnqíng hǎo.
晚上 看 电视, 今天 心情 好。

Wǎnshang zǎo shuì jiào, míngtiān huì gèng hǎo.
晚上 早 睡 觉, 明天 会 更 好。

1.2 Shēngcí 生词 New Words

bǎo	饱	(a.)	full; stuffed
cāochǎng	操场	(n.)	playground; sports field
chī fàn	吃饭		to eat (a meal); to have a meal
duànliàn	锻炼	(v./n.)	to do physical exercise; exercise
gèng	更	(adv.)	more; even more
huì	会	(v.)	can; will be
jīngshen	精神	(n.)	vigor
shēntǐ	身体	(n.)	body
shítáng	食堂	(n.)	dining hall; canteen
tiānqì	天气	(n.)	weather
xǐ	洗	(v.)	to wash
xǐ zǎo	洗澡		to take a shower or bath
xīnqíng	心情	(n.)	mood
xuéxí	学习	(v./n.)	to learn; learning
yíngyǎng	营养	(n.)	nutrition
zuò	做	(v.)	to do
zuòyè	作业	(n.)	homework

1.2 Huìhuà 会话 Conversation

Lǐ Míng: Jīntiān xiàwǔ nǐ qù dǎ qiú ma?
李明: 今天 下午你去打球吗?

Dùmǎní: Jīntiān xiàwǔ wǒ qù dǎ qiú.
杜马尼: 今天 下午我去打球。

Lǐ Míng: Nǐ jǐ diǎnzhōng qù dǎ qiú?
李明: 你几点钟 去打球?

Dùmǎní: Wǒ sì diǎnzhōng qù dǎ qiú.
杜马尼: 我 4 点钟 去打球。

Lǐ Míng : Wǒ dǎsuan qù kàn diànshì.
李明 ： 我 打算 去看 电视。

Dùmǎní: Nǐ wǎnshang jǐ diǎnzhōng shuì jiào?
杜马尼： 你 晚上 几 点钟 睡 觉？

Lǐ Míng : Wǒ wǎnshang shí diǎnzhōng shuì jiào.
李明 ： 我 晚上 10 点钟 睡 觉。

Dùmǎní: Wǒ shí diǎn bàn shuì jiào.
杜马尼： 我 10 点 半 睡 觉。

Wán chéng duìhuà
完成对话
Complete the Dialogues

1.2

1 A : Zuótiān shàngwǔ nǐ yǒu kè ma?
昨天 上午 你 有 课 吗？

B : _____

2 A : Jīntiān xiàwǔ zuò zuòyè ma?
今天 下午 做 作业 吗？

B : _____

3 A : Shàngwǔ jǐ diǎnzhōng qù pá shān?
上午 几 点钟 去 爬 山？

B : _____

4 A : Nǐ wǎnshang jǐ diǎnzhōng shuì jiào?
你 晚上 几 点钟 睡 觉？

B : _____

5 A : _____

B : Wǒ wǎnshang shíyī diǎn bàn
我 晚上 11 点 半
shuì jiào.
睡 觉。

6 A : _____

B : Xiànzà bā diǎnzhōng.
现在 8 点钟。

7 A : _____

B : Zuótiān xiàwǔ wǒ méiyǒu kè.
昨天 下午 我 没有 课。

8 A : _____

B : Wǒ dǎsuan qù dǎ qiú.
我 打算 去 打球。

9 A : Xiàwǔ wǒmen qù dǎ qiú, hǎo ma?
下午 我们 去 打球，好 吗？

B : _____

10 A : _____

B : Shì de, wǒ zǎoshang duànliàn
是的，我 早上 锻炼
shēntǐ.
身体。

Hànzì xuéxí
汉字学习
Learning Chinese Characters

1.2

shàng	zhōng	xià
上	中	下
上马, 马上	手中, 口中	下马, 手下, 足下

Yīngwén fānyì
英文翻译
English Version

1.2

Chant 2

In the early morning, when I look at the sky, the weather is nice today.
In the early morning, when I take a shower, my spirit is high today.
In the early morning, when I have a big breakfast, my body is healthy today.
In the morning, when I go to school, I learn my lessons well.
At noon, when I go to the dining room, the meal is nutritious.
In the afternoon, when I go to the playground, I do exercise for good health.
In the evening, when I do homework, I learn well today.
In the evening, when I watch TV, my mood is good today.
In the evening, when I go to bed early, tomorrow will be even better.

Conversation

Li Ming : Are you going to play ball this afternoon?

Domani : Yes, I'm going to play ball this afternoon.

Li Ming : What time are you going to play ball?

Domani : I'm going to play ball at 4 o'clock.

Li Ming : I'm going to watch TV.

Domani : What time do you go to bed (in the evening)?

Li Ming : I go to bed at 10 o'clock (in the evening).

Domani : I go to bed at half past ten.

Lesson Three
第三课
Nǐ wǎnshang zuò zuòyè ma?
你晚上做作业吗？
Are you going to do homework tonight?

1.3

Huìhuà
会话
Conversation

Jiékè : Xiànzài jǐ diǎnzhōng?
杰克 : 现在 几 点钟？

Kǎiwén : Xiànzài bā diǎn chà shí fēn.
凯文 : 现在 8 点 差 10 分。

Jiékè : Jīntiān xīngqīsì, shàngwǔ wǒ yào shàng kè.
杰克 : 今天 星期四, 上午 我 要 上 课。

Kǎiwén : Míngtiān xiàwǔ nǐ yǒu kè ma?
凯文 : 明天 下午 你 有 课 吗？

Jiékè : Míngtiān shì xīngqīwǔ, xiàwǔ wǒ méiyǒu kè.
杰克 : 明天 是 星期五, 下午 我 没有 课。

Jiékè : Jīntiān wǎnshang zuò zuòyè ma?
杰克 : 今天 晚上 做 作业 吗？

Fǎlánkè : Wǒ shēntǐ bù hǎo, xīnqíng yě bù hǎo,
法兰克 : 我 身体 不 好, 心情 也 不 好,

jīntiān wǎnshang bù zuò zuòyè. Wǒ kàn diànshì.
今天 晚上 不做作业。我 看 电视。

Kǎiwén : Nǐ wǎnshang jǐ diǎnzhōng shuì jiào?
凯文 : 你 晚上 几 点钟 睡 觉？

Fǎlánkè : Wǒ wǎnshang shíyī diǎn bàn shuì jiào.
法兰克 : 我 晚上 11 点 半 睡 觉。

Jiékè : Míngtiān xiàwǔ sān diǎn yī kè wǒmen qù dǎ qiú, hǎo ma?
杰克 : 明天 下午 三 点 一刻 我们 去 打球, 好 吗？

Fǎlánkè : Bù xíng, wǒ míngtiān xiàwǔ yào qù mǎi dōngxi.
法兰克 : 不 行, 我 明天 下午 要 去 买 东西。

Kǎiwén : Hòutiān xíng ma?
凯文 : 后天 行 吗？

Fǎlánkè : Xíng. Hòutiān shàngwǔ wǒmen qù duànliàn shēntǐ.
法兰克 : 行。后天 上午 我们 去 锻炼 身体。

1.3 Shēngcí 生词 New Words

chà	差	(v.)	to lack; to be short of
fēn	分	(n.)	minute
huí jiā	回家		to go home
kè	刻	(n.)	quarter
lánqiú	篮球	(n.)	basketball
měi	每	(pron.)	every; each
qǐ chuáng	起床		to get up
shàng xué	上学		to go to school
shíhou	时候	(n.)	time
túshūguǎn	图书馆	(n.)	library
yǒushíhou	有时候		sometimes
zǎocāo	早操	(n.)	morning exercises

1.3 Tìhuàn liànxí 替换练习 Substitution

Xiànzài jǐ diǎnzhōng?
现在 几 点钟?

Xiànzài zǎoshang qī diǎnzhōng, kuài qù chī zǎofàn.
现在 早上 七点钟, 快 去 吃 早饭。

Xiànzài zǎoshang qī diǎn bàn, kuài diǎnr qù shàng xué.
现在 早上 七点半, 快 点儿 去 上 学。

Xiànzài shàngwǔ shí diǎnzhōng, kuài qù zuò zǎocāo.
现在 上午 十 点钟, 快 去 做 早操。

Xiànzài xiàwǔ sān diǎnzhōng, kuài qù dǎ lánqiú.
现在 下午 三 点钟, 快去 打 篮球。

Xiànzài xiàwǔ sì diǎn bàn, huí jiā zuò zuòyè.
现在 下午 四 点 半, 回家 做 作业。

Nǐ
你

qiántiān
前天

zuótiān
昨天

jīntiān
今天

míngtiān
明天

hòutiān
后天

xīngqītiān
星期天

xīngqīyī
星期一

xīngqī'èr
星期二

xīngqīsān
星期三

xīngqīsì
星期四

xingqīwǔ
星期五

xīngqīliù
星期六

zǎoshang
早上

shàngwǔ
上午

zhōngwǔ
中午

xiàwǔ
下午

wǎnshang
晚上

jǐ diǎnzhōng
几 点钟

qǐ chuáng?
起 床?

chī zǎofàn?
吃 早饭?

shàng xué?
上 学?

shàng kè?
上 课?

chī wǔfàn?
吃 午饭?

xiūxi?
休息?

xià kè?
下课?

dǎ qiú?
打 球?

zuò zuòyè?
做 作业?

chī wǎnfàn?
吃 晚饭?

kàn diànshì?
看 电视?

shuì jiào?
睡 觉?

Wǒ 我	qiántiān 前天		qǐ chuáng. 起 床。
	zuótiān 昨天		chī zǎofàn. 吃 早饭。
	jīntiān 今天		shàng xué. 上 学。
	míngtiān 明天	zǎoshang 早上	shàng kè. 上 课。
	hòutiān 后天	Shàngwǔ 上午	chī wǔfàn. 吃 午饭。
	xīngqītiān 星期天	zhōngwǔ 中午	xiūxi. 休息。
	xīngqīyī 星期一	xiàwǔ 下午	diǎnzhōng 点钟	xià kè. 下课。
	xīngqī'èr 星期二	wǎnshang 晚上	dǎ qiú. 打 球。
	xīngqīsān 星期三		zuò zuòyè. 做 作业。
	xīngqīsì 星期四		chī wǎnfàn. 吃 晚饭。
	xīngqīwǔ 星期五		kàn diànshì. 看 电视。
	xīngqīliù 星期六		shuì jiào. 睡 觉。

1.3

Dú yī dú , shuō yī shuō
读一读、说一说
Read and Talk

Měi tiān zǎoshang wǒ liù diǎn bàn qǐ chuáng, xǐ ge zǎo, qī diǎnzhōng
每天 早上 我六点 半起 床， 洗个澡，七点钟

chī zǎofàn, shàngwǔ bā diǎnzhōng qù xuéxiào shàng kè. Zhōngwǔ zài
吃早饭，上午 八点钟 去学校 上 课。中午 在

xuéxiào de shítáng chī wǔfàn, xiàwǔ méiyǒu kè de shíhou, jiù qù
学校 的食堂 吃午饭，下午没有 课的 时候，就去

cāochǎng dǎ qiú; tiānqì bù hǎo de shíhou, jiù qù túshūguǎn kàn shū.
操场 打球；天气不好 的时候， 就去图书馆 看书。

Wǎnshang yǒushíhou zuò zuòyè, yǒushíhou kàn diànshì, shí diǎnzhōng
晚上　　　有时候　做 作业，有时候　看　电视，十 点钟

shuì jiào. Wǒ shēntǐ hěn hǎo, jīngshen yě hěn hǎo; xuéxí hěn hǎo,
睡 觉。我 身体 很　好，精神　也 很 好；学习 很　好，

xīnqíng yě hěn hǎo.
心情 也 很　好。

Yǔyán yàodiǎn
语言要点
Language Function

When you want to know time, you ask:

A: Xiànzài jǐ diǎnzhōng?
　　现在 几 点钟？

B: Xiànzài zǎoshang qī diǎnzhōng.
　　现在 早上　七　点钟。

Hànzì xuéxí
汉字学习
Learning Chinese Characters

tiān

天

天上，天下

qì

气

小气，口气

Yīngwén fānyì
英文翻译
English Version

Conversation

Jack : What time is it now?

Kevin : It's ten to eight now.

Jack : Today is Thursday. In the morning I'm going to have classes.

Kevin : Will you have classes tomorrow afternoon?

Jack : Tomorrow is Friday. I am going to have a lesson.

Jack : Are you going to do homework tonight?

Frank : I am not feeling well and am also in a bad mood. I am not going to do homework tonight. I am going to watch TV.

Kevin : When do you go to bed at night?

Frank : I go to bed at 11:30 p.m.

Jack : Tomorrow afternoon let's go to play ball at 3:15, shall we?

Frank : No, I can't. I am going to do shopping tomorrow afternoon.

Kevin : Can you the day after tomorrow?

Frank : That's okay. Let's go to do some exercises in the morning the day after tomorrow.

Huìhuà
会话
Conversation

Zhēnní de mèimei 珍妮的妹妹	: Míngtiān shàngwǔ yǒu kòngr ma? : 明天 上午 有 空儿 吗?
Hànsēn 汉森	: Jǐ diǎnzhōng? : 几 点钟?
Zhēnní de mèimei 珍妮的妹妹	: Bā diǎn dào shí diǎn. : 8 点 到 10 点。
Hànsēn 汉森	: Yǒu shénme shì ma? : 有 什么 事 吗?

Zhēnní de mèimei : Míngtiān shì wǒ jiějie Zhēnní de shēngri, wǒmen yīqǐ qù
珍妮的妹妹 : 明天 是 我 姐姐 珍妮 的 生日, 我们 一起 去

gěi tā mǎi shēngri lǐwù, hǎo ma?
给 她 买 生日 礼物, 好 吗?

Hànsēn 汉森	: Néng bu néng xiàwǔ qù? : 能 不 能 下午 去?
Zhēnní de mèimei 珍妮的妹妹	: Xiàwǔ jǐ diǎnzhōng? : 下午 几 点钟?
Hànsēn 汉森	: Xiàwǔ liǎng diǎn bàn, xíng ma? : 下午 2 点 半, 行 吗?
Zhēnní de mèimei 珍妮的妹妹	: Xíng. Nǐ xiǎng gěi tā mǎi shénme lǐwù ne? : 行。 你 想 给 她 买 什么 礼物 呢?
Hànsēn 汉森	: Tā shǔ shǔ, wǒ dǎsuan mǎi yī ge Mǐlǎoshǔ de wánjù. Nǐ ne? : 她 属鼠, 我 打算 买 一个 米老鼠 的 玩具。 你呢?
Zhēnní de mèimei 珍妮的妹妹	: Wǒ dǎsuan mǎi yī běn shū. : 我 打算 买一本 书。
Hànsēn 汉森	: Hǎo de. Míngtiān xiàwǔ wǒ zài xuéxiào ménkǒu děng nǐ. : 好 的。 明天 下午 我 在 学校 门口 等 你。
Zhēnní de mèimei 珍妮的妹妹	: Hǎo de. Bù jiàn bù sàn. : 好 的。 不见 不 散。
Hànsēn 汉森	: Míngtiān jiàn. : 明天 见。

1.4 Shēngcí 生词 New Words

běn	本	(m.)	(for books, magazines)
bù jiàn bù sàn	不见不散		Be sure to be there.
dào	到	(v./prep.)	to arrive; to; until
fàng xué	放学		classes are over; to dismiss class
ménkǒu	门口	(n.)	at the door or entrance
shū	书	(n.)	book
Wán	完	(v.)	to finish
wánjù	玩具	(n.)	toy
yǒu kòngr	有空儿		to have free time
zài	再	(adv.)	then; again

专有名词 Proper Names

Hànsēn	汉森	Hansen
Mǐlǎoshǔ	米老鼠	Mickey Mouse

1.4 Dú yī dú , shuō yī shuō 读一读、说一说 Read and Talk

Xiǎomíng zǎoshang liù diǎn bàn qǐ chuáng, qǐlai hòu xǐ ge zǎo.
小明　早上　六点半起床，　起来后洗个澡。

Qī diǎn chī zǎofàn. Tā qī diǎn bàn qù xuéxiào, bā diǎn shàng kè.
七点　吃早饭。他七点半去学校，　八点　上　课。

Xiǎomíng zhōngwǔ shí'èr diǎn zài shítáng chī wǔfàn, xiàwǔ shàng wán kè
小明　中午十二点在食堂吃午饭，下午上完课

hái qù cāochǎng duànliàn shēntǐ. Fàng xué huí jiā xiān zuò zuòyè, zài kàn
还去操场　锻炼身体。放学回家先做作业，再看

diànshì. Xiǎomíng shì ge hǎo xuésheng.
电视。小明　是个好　学生。

Questions:

Q1: Xiǎomíng zǎoshang jǐ diǎnzhōng
小明 早上 几 点钟
qǐ chuáng?
起 床?

Q2: Xiǎomíng qǐ chuáng hòu gàn shénme?
小明 起床 后 干 什么?

Q3: Xiǎomíng jǐ diǎn shàng kè?
小明 几 点 上 课?

Q4: Xiǎomíng zài nǎr chī wǔfàn?
小明 在 哪儿 吃 午饭?

Q5: Xiǎomíng xiàwǔ shàng wán kè zài
小明 下午 上 完 课 在
xuéxiào hái gànle shénme?
学校 还 干了 什么?

Q6: Xiǎomíng huǐ jiā hòu zuòle shénme?
小明 回 家 后 做 了 什么?

Answers:

A1: _____

A2: _____

A3: _____

A4: _____

A5: _____

A6: _____

Kàn tú shuō huà
看图说话
Say something about the pictures

_____

_____

_____

_____

_____

1.4

Zào jù

造 句

Make Sentences

Write three sentences after the sample:

Dàwèi zǎoshang qī diǎn bàn qù xuéxiào shàng kè.
大卫　早上　　七点　半　去学校　上　　课。

_____

_____

_____

1.4

Míyǔ

谜 语

Guessing the Riddle

Huì zǒu méiyǒu tuǐ, huì shuō méiyǒu zuǐ;
会 走 没有 腿，会 说 没有 嘴；

gàosu wǒ shénme shíhou qǐ, shénme shíhou shuì.
告诉 我 什么 时候 起， 什么 时候 睡。

（　　　　）

Hànzì xuéxí
汉字学习
Learning Chinese Characters

1.4

rì
日
日子，日月

yuè
月
五月，九月

1.4

Wénhuà xiǎo chángshí
文化小常识
Culture Study

Seven-colored China 七彩中国

cǎi
七 彩
color

guó
中 国
country

Each country has its own favorite color. Red is special to Chinese people and just for its looks. It has important significance to politics, philosophy, economics, culture, and art.

Chinese philosophy indicates that the Yin-Yang five alchemical tradition is the basis of the universe and is related to five basic colors. This relationship dates back to the Shang Dynasty (1600BC-1100BC).

jīn 金 gold	mù 木 wood	shuǐ 水 water	huǒ 火 fire	tǔ 土 soil
↕	↕	↕	↕	↕
bái 白 white	qīng 青 green	hēi 黑 black	chì 赤 red	huáng 黄 yellow

Art is another form in which Chinese people use color:

Chinese painting	Peking Opera	Ethnic Group	Folk Art
Use black ink with its density to show the beauty of painting. It has been said that "Ink has 5 colors in it".	Face painting is a special art form to show the characters.	Most ethnic groups like to use bright colors. Tibet: dark red Han: bright red	Northern China: bright red, yellow, and blue Southern China: blue, green

Yīngwén fānyì
英文翻译
English Version

Conversation

Jean's sister: Are you free tomorrow morning?

Hansen : What time?

Jean's sister: 8:00 to 10:00 a.m.

Hansen : What's up?

Jean's sister: Tomorrow is my sister Jean's birthday. Let's go together to buy a birthday gift for her, OK?

Hansen : Could we go in the afternoon?

Jean's sister: What time in the afternoon?

Hansen : Two o'clock in the afternoon, OK?

Jean's sister: OK. What kind of the gift are you thinking of buying for her?

Hansen : She was born in the year of the mouse. I am planning to buy a Mickey Mouse toy. What about you?

Jean's sister: I'm going to buy a book.

Hansen : OK. Tomorrow afternoon I will wait for you at the school entrance.

Jean's sister: OK. Be sure to be there.

Hansen : See you tomorrow.

Lesson Five
第五课

fùxí
复习   Review

1.5 Xiǎo xiàngsheng
小 相 声
Chinese Crosstalk

Lǐ Míng : Zuótiān wǎnshang nǐ de shēngri wǎnhuì hǎo jí le.
李明 : 昨天 晚上 你的 生日 晚会 好 极了。

Zhēnní : Shì de. Xièxie nǐmen dōu lái zhù wǒ shēngri kuàilè.
珍妮 : 是的。谢谢 你们 都 来 祝 我 生日 快乐。

Lǐ Míng : Dàjiā dōu sòng gěi nǐ shēngri lǐwù le ba?
李明 : 大家 都 送 给 你 生日 礼物 了 吧?

Zhēnní : Shì de. Tāngmǔ hái sòng gěi wǒ yī zhī xiǎo gǒu.
珍妮 : 是的。汤姆 还 送 给 我 一 只 小 狗。

Lǐ Míng : Nǐ shǔ gǒu, suǒyǐ tā sòng gěi nǐ gǒu.
李明 : 你属 狗, 所以 他 送 给 你 狗。

Zhēnní : Rúguǒ wǒ shǔ lǎohǔ zěnmebàn?
珍妮 : 如果 我属 老虎 怎么办?

Lǐ Míng : Rúguǒ nǐ shǔ lǎohǔ, nǐ jiù yào bān jiā le.
李明 : 如果 你 属 老虎, 你 就 要 搬 家 了。

Zhēnní : Bān jiā? Bān dào nǎr?
珍妮 : 搬家? 搬 到 哪儿?

Lǐ Míng : Bān dào dòngwùyuán.
李明 : 搬 到 动物园。

Zhēnní : Rúguǒ wǒ shǔ lóng ne?
珍妮 : 如果 我 属 龙 呢?

Lǐ Míng : Rúguǒ nǐ shǔ lóng, wǒ jiù sòng gěi nǐ yī tiáo shé.
李明 : 如果 你 属 龙, 我 就 送 给 你 一 条 蛇。

Zhēnní : Wèishénme?
珍妮 : 为什么?

Lǐ Míng : Shé, Zhōngguórén yòu jiào xiǎo lóng.
李明 : 蛇, 中国人 又 叫 小 龙。

Zhēnní : Wǒ háishi shǔ gǒu ba.
珍妮 : 我 还是 属 狗 吧。

1.5

Shēngcí
生 词
New Words

bān jiā	搬家		to move (house)
biéren	别人	*(pron.)*	another person; other people
dǎjiǎo	打搅	*(v.)*	to disturb; to trouble
dòngwùyuán	动物园	*(n.)*	zoo
gāng	刚	*(adv.)*	just
gùshi	故事	*(n.)*	story
háishi	还是	*(adv.)*	to prefer; would rather
… jí le	…极了		to the extreme
kāi	开	*(v.)*	to drive; to open; to start
lǎohǔ	老虎	*(n.)*	tiger
mén	门	*(n.)*	door
pà	怕	*(v.)*	to be anxious, worried or afraid
qiāo	敲	*(v.)*	to knock
qǐngwèn	请问	*(v.)*	to excuse me
rúguǒ	如果	*(conj.)*	if
shǒubiǎo	手表	*(n.)*	watch
shuìzháo	睡着	*(v.)*	to fall asleep
suǒyǐ	所以	*(conj.)*	therefore
tīngjiàn	听见	*(v.)*	to hear
yòu	又	*(adv.)*	too; also
zhǐtiáo	纸条	*(n.)*	a piece of paper; a note

1.5

Xiǎo gùshi
小故事
A Short Story

Yǒu ge rén wǎnshang kāi chē, dàole zǎoshang, dǎsuan zài chē li
有 个 人 晚上　 开车，到 了 早上，　 打算 在 车 里

shuì yī jiào. Tā gāng shuìzháo, tīngjiàn yǒu rén wèn: "Qǐngwèn, xiànzài
睡 一 觉。 他 刚 睡着， 听见 有人 问 ： " 请问， 现在

jǐ diǎnzhōng? " Tā shuō liù diǎn bàn. Guòle yīhuìr, yòu yǒu rén wèn:
几 点 钟？ " 他 说 六 点 半。 过了 一会儿， 又有 人问：

"Xiànzài jǐ diǎnzhōng? " Tā shuō qī diǎn chà yī kè. Tā pà biéren
" 现在 几 点 钟？ " 他说 七点 差 一刻。 他怕别人

zài lái dǎjiǎo tā, jiù xiěle yī zhāng zhǐtiáo: Wǒ méiyǒu shǒubiǎo.
再 来 打搅 他， 就 写了 一 张 纸条： 我 没有 手表。

Kěshì, bù yīhuìr, yǒu rén qiāo tā de chē mén
可是， 不一会儿， 有 人 敲 他 的 车 门

shuō: "Xiànzài qī diǎn chà wǔ fēn."
说： " 现在 七点 差 五分。 "

Answer the questions : （对true: √ ; 错false: ×）

1. Zhège rén wǎnshang xiǎng shuì jiào.
   这个 人 晚上 想 睡 觉。 （ ）

2. Yǒu sān ge rén wènguo tā shíjiān.
   有 三个人 问过 他 时间。 （ ）

3. Tā xiǎng hǎohao de xiūxi.
   他 想 好好 地 休息。 （ ）

4. Tā méiyǒu shǒubiǎo.
   他 没有 手表。 （ ）

5. Dì èr ge rén wèn tā shíjiān de shíhou shì liù diǎn sān kè.
   第二个人 问 他 时间 的 时候 是 六点 三刻。 （ ）

6. Zhège rén zài jiā li shuì jiào.
   这个 人 在家里睡 觉。 （ ）

Hànzì xuéxí
汉字学习
Learning Chinese Characters

1.5

日子　天气　中　上　一下子　一月　马上

zǔ cí chéng jù
组词成句
Complete the Sentences

1.5

1. kè　méiyǒu　xiàwǔ　wǒ　zuótiān
   课　没有　下午　我　昨天

   _____

2. shuì jiào　shíyī　wǒ　bàn　wǎnshang　diǎn
   睡觉　11　我　半　晚上　点

   _____

3. shàngwǔ　duànliàn　wǒmen　qù　hòutiān　shēntǐ
   上午　锻炼　我们　去　后天　身体

   _____

4. diǎnzhōng　diànshì　jǐ　wǎnshang　kàn　nǐ　jīntiān
   点钟　电视　几　晚上　看　你　今天

   _____

Yīngwén fānyì
英文翻译
English Version

1.5

Chinese Crosstalk

Li Ming : Last night, your birthday party was wonderful.

Jenny : Yes, it was. Thank you all for coming to wish me a happy birthday.

Li Ming : Did everybody give you a gift?

Jenny : That's right. Tom gave me a small dog.

Li Ming : You were born in the year of the dog, so he gave you a dog.

Jenny : What if I were born in the year of the tiger?

Li Ming : If you were a tiger, you would have to move.

Jenny : Move? Move to where?

Li Ming : To the zoo.

Jenny : What if I were born in the year of the dragon?

Li Ming : If you were a dragon, I would give you a snake.

Jenny : Why?

Li Ming : (Because) Chinese call snakes "little dragons".

Jenny : I prefer being born in the year of the dog.

A Short Story

There was once a person who drove the whole night. He planned to sleep in the car for a while. Just after he fell asleep, he heard someone say, "Excuse me, what time is it?" The man answered that it was 6:30. A moment later, another person asked, "What time is it now?" The man replied that it was 6:45. He was worried about being disturbed again, so he wrote a note saying "I have no watch". But after a little while, someone knocked on the door of the car and said: "It's five to seven."

Jiàoxué zhòngdiǎn

1.5 教学重点

● 一、词汇

1. 时间名词（三）：
   早上、上午、中午、下午、
   晚上、现在、点钟

2. 认读7个生字和所有词汇

● 二、句型

1. 时间顺序：
   年、月、日、星期、点钟

2. 时间+地点+动词：
   今天上午在学校踢球。

3. 能+动词：
   我（不）能去。
   你能去吗?
   你能不能去?

Wǒ de Yǎnjing

我的眼睛

MY EYES

2

UNIT

第二单元

Upon successful completion of unit 2, students will be able to: >>

★ use the appropriate nouns to indicate human body parts accordingly;

★ use the following sentence patterns in a conversation or statement:

   1. correctly double certain verbs to indicate an action,

   2. correctly use the sentence patterns with adverbials to indicate a certain frequency of the action;

★ learn 6 Chinese characters and phrases.

Lesson One
第一课

yǎnjing kàn yī kàn
眼睛看一看

Have a look

2.1

Kèwén
课文
Text

Chant 1

Yǎnjing,　yǎnjing,　kàn yī kàn:
眼睛，　眼睛，　看一看：

kàn shū、　kàn bào、kàn diànshì.
看书、　看报、看电视。

Kànle　yī biàn yòu yī biàn.
看了　一遍 又一遍。

⋯⋯⋯⋯⋯⋯⋯⋯⋯⋯⋯⋯⋯⋯

Bízi,　　bízi,　　wén yī wén:
鼻子，鼻子，　闻一闻：

wén xiāng、wén chòu、wén wèidao.
闻香、　闻臭、闻味道。

Wénle　yī huí yòu yī huí.
闻了　一回 又一回。

⋯⋯⋯⋯⋯⋯⋯⋯⋯⋯⋯⋯⋯⋯

Ěrduo,　ěrduo,　tīng yī tīng:
耳朵，耳朵，　听一听：

tīng huà、tīng gē、　tīng yīnyuè.
听话、听歌、听音乐。

Tīngle　yī cì yòu yī cì.
听了　一次又一次。

Zuǐba,　zuǐba,　chī yī chī:
嘴巴，嘴巴，吃一吃：

chī fàn、　chī miàn、　chī jiǎozi.
吃饭、吃面、　吃饺子。

Chīle　yī wǎn yòu yī wǎn.
吃了　一碗 又一碗。

⋯⋯⋯⋯⋯⋯⋯⋯⋯⋯⋯⋯⋯⋯

Zuǐba,　zuǐba,　hē yī hē:
嘴巴，嘴巴，喝一喝：

hē chá、　hē jiǔ、　hē kāfēi.
喝茶、喝酒、喝咖啡。

Hēle　yī bēi yòu yī bēi.
喝了　一杯又一杯。

⋯⋯⋯⋯⋯⋯⋯⋯⋯⋯⋯⋯⋯⋯

Zuǐba,　zuǐba,　shuō yī shuō:
嘴巴，　嘴巴，说一说：

shuō huà、shuō xì、　shuō gùshi.
说话、　说戏、说故事。

Shuōle　yī ge yòu yī ge.
说了　一个 又一个。

2.1 Shēngcí 生 词 New Words

bào	报	(n.)	newspaper
bēi	杯	(m.)	(for drinks)
biàn	遍	(m.)	(used to indicate the number of times for actions)
bízi	鼻子	(n.)	nose
chá	茶	(n.)	tea
chòu	臭	(adj.)	bad-smelling; smelly
cì	次	(m.)	(used to indicate the number of times for actions)
ěrduo	耳朵	(n.)	ear
hē	喝	(v.)	to drink
huí	回	(m.)	(used to indicate the number of times for actions)
jiǎozi	饺子	(n.)	Chinese dumpling
jiǔ	酒	(n.)	alcoholic drink (e.g., beer, wine, liquor)
kāfēi	咖啡	(n.)	coffee
kěyǐ	可以	(v.)	can; could
shuō huà	说话		to speak; to talk
tīng	听	(v.)	to listen; to hear
wǎn	碗	(n.)	bowl
wèidao	味道	(n.)	smell; taste; flavor
wén	闻	(v.)	to smell
xì	戏	(n.)	drama or play
xiāng	香	(adj.)	fragrant; sweet-smelling
yǎnjing	眼睛	(n.)	eye
yīnyuè	音乐	(n.)	music
zuǐba	嘴巴	(n.)	mouth

2.1 会话 Huìhuà
Conversation

Lǐ Míng : Nǐ zuótiān kàn diànshì le ma?
李明 ： 你 昨天 看 电视 了 吗？

Mǎlì : Kànle. Nǐ kànle ma?
玛丽 ： 看了。你 看 了 吗？

Lǐ Míng : Wǒ yǎnjing bù hǎo, bù kàn diànshì.
李明 ： 我 眼睛 不 好， 不 看 电视。

Mǎlì : Nǐ ěrduo hǎo ma?
玛丽 ： 你 耳朵 好 吗？

Lǐ Míng : Wǒ ěrduo hěn hǎo.
李明 ： 我 耳朵 很 好。

Mǎlì : Nǐ kěyǐ tīng diànshì li de gē hé yīnyuè.
玛丽 ： 你 可以 听 电视 里 的 歌 和 音乐。

2.1 语音练习 Yǔyīn liànxí
Pronunciation

A. 辨音 Pronunciation discrimination

dàxué — dà xuě		zhòngyào — zǒngyào	
xuéxí — xuéqī		sījī — shíjī	
shàngwǔ — shǎngwǔ		shìshí — sìshí	
dà shān — dǎ sǎn		cíqì — cìjī	
Yīngyǔ — yīnyuè		zìjǐ — zhǐjǐ	
quánmiàn — qiánmiàn		zájì — zázhì	
tiānqì — diànqì		shěnlǐ — sēnlín	
nǔlì — lǚlì		qīngzǎo — qīngsǎo	

B. 变调 the Changing of Tone

bù hǎo	bù qù	yī diǎn	yī gè
bù lái	bù gòu	yī zhāng	yī bàn
bù néng	bù xiè	yī tiáo	yī kè
bù chī	bù yào	yī huí	yī cì
bù shuō	bù yòng	yī piān	yī miàn

lǎoshī	lǎohǔ	chǎnliàng	chǎnpǐn
lǎorén	lǎoshǔ	chǎngdì	chǎngsuǒ
bǎowèi	bǎoyǎng	dǎtīng	dǎdǎo
bǎohù	bǎolěi	dǎ jià	dǎ sǎn

Yīngwén fānyì
英文翻译
English Version

2.1

Chant 1

Eyes, eyes, have a look; read a book, read a newspaper, watch TV. Read (look at / watch) something over and over.

Nose, nose, have a smell; smell something good, smell something bad, smell something. Smell something again and again.

Ears, ears, listen a while; listen to the words, listen to the song, listen to the music. Listen to something over and over.

Mouth, mouth, eat a little; eat rice, eat noodles, eat dumplings. Eat one bowl and then another.

Mouth, mouth, drink a little; drink tea, drink wine, drink coffee. Drink one cup and then another.

Mouth, mouth, speak a little; say something, tell about a play, tell a story. Say one thing and then another.

Conversation

Li Ming : Did you watch TV yesterday?

Mary : Yes, I did. Did you?

Li Ming : My eyes are not good. I don't watch TV.

Mary : Are your ears okay?

Li Ming : My ears are very good.

Mary : You can listen to the songs and music on TV.

Lesson Two
第二课

zhēn hǎo kàn
真好看

It looks nice

Kèwén
课文
Text

2.2

Chant ❷

Nǐ kàn, wǒ kàn, dàjiā kàn;
你看，我 看，大家看；

hǎokàn、hǎokàn、zhēn hǎokàn.
好看、好 看、真 好看。

Nǐ tīng, wǒ tīng, dàjiā tīng;
你听，我 听，大家听；

hǎotīng、hǎotīng、zhēn hǎotīng.
好 听、好 听、真 好 听。

Nǐ chī, wǒ chī, dàjiā chī;
你吃，我 吃，大家吃；

hǎochī、hǎo chī、zhēn hǎochī.
好吃、好 吃、真 好吃。

Nǐ shuō, wǒ shuō, dàjiā shuō;
你说，我 说，大家说；

hǎoshuō háishi bù hǎoshuō?
好 说 还是 不 好说？

Chant ❸

Nǐ kànjiàn le, wǒ kànjiàn le, dàjiā dōu kànjiàn le.
你看见 了，我 看见 了，大家 都 看见 了。

Nǐ tīngjiàn le, wǒ tīngjiàn le, dàjiā dōu tīngjiàn le.
你 听见 了，我 听见 了，大家 都 听见 了。

Nǐ chīguo le, wǒ chīguo le, dàjiā dōu chīguo le.
你吃过 了，我 吃过 了，大家 都 吃过 了.

Nǐ shuōguo le, wǒ shuōguo le, dàjiā dōu shuōguo le.
你 说过 了，我 说过 了，大家 都 说过 了。

2.2 生词

Shēngcí
生 词
New Words

bùcuò	不错	(adj.)	good; not bad
cháng	尝	(v.)	to taste
háishi	还是	(conj.)	or
hǎochī	好吃	(adj.)	tasty; delicious
hǎokàn	好看	(adj.)	good-looking
hǎoshuō	好说	(adj.)	it can be easily arranged; it can be settled through discussion
hǎotīng	好听	(adj.)	pleasant to hear
juéde	觉得	(v.)	to feel; to think
kànjiàn	看见	(v.)	to see
kǒuwèi	口味	(n.)	flavor; personal taste
méi yìsi	没意思		uninteresting
ràng	让	(v.)	to let (someone do something)
tīngshuō	听说	(v.)	it is said
yǐhòu	以后	(n.)	later; after
yīyàng	一样	(adj.)	alike; the same
yìsi	意思	(n.)	meaning
yǒu yìsi	有意思		interesting
zěnme	怎么	(adv.)	how
zhēn	真	(adv.)	really

Huìhuà
会 话
Conversation

Jiékè : Nǐ kànguo zhè běn shū ma?
杰克 : 你 看 过 这 本 书 吗?

Wáng Lán: Shàng ge xīngqī wǒ kànguo zhè běn shū.
王兰 : 上 个 星期 我 看 过 这 本 书。

Jiékè : Wǒ méi kànguo. Tīngshuō zhè běn shū búcuò.
杰克 : 我 没 看过。听说 这 本 书 不错。

Wáng Lán: Shì de. Wǒ kànle yǐhòu juéde hěn yǒu yìsi.
王兰 : 是 的。我 看 了 以后 觉得 很 有 意思。

Jiékè : Shì ma? Wǒ yě yào kàn yī kàn.
杰克 : 是 吗？ 我 也 要 看 一 看。

Wáng Lán: Nà běn shū nǐ kànle ma?
王兰 : 那 本 书 你 看 了 吗？

Jiékè : Wǒ méi kàn. Nǐ kànguo ma?
杰克 : 我 没 看。你 看过 吗？

Wáng Lán: Wǒ yě kànguo le. Méi shénme yìsi.
王兰 : 我 也 看 过 了。没 什么 意思。

Jiékè : Méi shénme yìsi, wǒ jiù bù kàn le.
杰克 : 没 什么 意思，我 就 不 看 了。

Wáng Lán: Nǐ kànguo nǎxiē shū?
王兰 : 你 看过 哪些 书？

Jiékè : Wǒ kànguo de, nǐ dōu kànguo le. Nǐ méi kànguo de, wǒ yě méi kàn.
杰克 : 我 看过 的，你 都 看过 了。你 没 看过 的，我 也 没 看。

....

Míngming: Zhège dōngxi hǎochī bu hǎochī？ Nǐ chángchang.
明明 : 这个 东西 好吃 不 好吃？ 你 尝尝。

Lìli : Nǐ de yìsi shì, ràng wǒ xiān chángchang wèidao, hǎo chī, nǐ zài chī.
莉莉 : 你的 意思 是，让 我 先 尝尝 味道，好 吃，你 再 吃。

Míngming: Duì a. Bù hǎo chī, wǒ jiù bù chī le.
明明 : 对 啊。不 好 吃，我 就 不 吃 了。

Lìli : kěshí nǐ bù chī, nǐ zěnme zhīdào hǎochī bu hǎochī ne?
莉莉 : 可是 你 不 吃，你 怎么 知道 好 吃 不 好 吃 呢？

Míngming: Nǐ méi chī, nǐ bù zhīdào, wǒ yě bù zhīdào;
明明 : 你 没 吃，你 不 知道，我 也 不 知道；

nǐ chīle, nǐ zhīdào le, wǒ yě zhīdào le.
你 吃了，你 知道 了，我 也 知道 了。

Lìli : Kěshì, měi ge rén de kǒuwèi bù yīyàng a!
莉莉 : 可是，每 个 人 的 口味 不 一样 啊！

Wánchéng duìhuà
完成对话
Complete the Dialogues

例 A: Nǐ kànguo zhè běn shū ma?
　　　你看过　这本书 吗？

　　　　Wǒ kànguo zhè běn shū.
　　B: 我看过　这本书。
　　　　_____

1　A: Zhè běn shū yǒu yìsi ma?
　　　这本书有意思吗？

　　B: _____
　　　_____

2　A: _____
　　　_____

　　B: Zhège dōngxi wǒ chīguo le.
　　　这个　东西　我吃过了。

3　A: Nǐ kànguo nǎxiē shū?
　　　你看过　哪些书？

　　B: _____
　　　_____

4　A: _____
　　　_____

　　B: Nà běn shū wǒ kàn le.
　　　那本书我看了。

Hànzì xuéxí
汉字学习
Learning Chinese Characters

tóu
头
下头, 龙头

shēn
身
身子, 身上

miàn
面
上面, 下面, 面子

Chant 2

You look, I look, everybody looks; good-looking, good-looking, really good-looking.
You listen, I listen, everybody listens; pleasant to hear, pleasant to hear, really pleasant to hear.
You eat, I eat, everybody eats; delicious, delicious, really delicious.
You speak, I speak, everybody speaks. Can you tell me or not? (Can you tell me or are you not sure?)

Chant 3

You have seen it, I have seen it, everybody has seen it.
You have heard it, I have heard it, everybody has heard it.
You have eaten, I have eaten, everybody has eaten.
You have spoken, I have spoken, everybody has spoken.

Conversation

Jack : Have you read this book?

Wang Lan: Yes, I read it last week.

Jack : I haven't read it. It is said that it is pretty good.

Wang Lan: Yes, it is. After reading it, I thought it was quite interesting.

Jack : Really? I want to read it, too.

Wang Lan: Have you read that book?

Jack : No, I haven't. Have you read it?

Wang Lan: Yes, I have also read it. It is not very interesting.

Jack : If it's not interesting, I don't want to read it.

Wang Lan: Which books have you read?

Jack : What I have read, you have read. What you haven't read, I also haven't read yet.

- - - - - - - - - -

Mingming: Does this taste good? You have a try of it.

Lily : Your meaning is to let me taste it first, and if it's good, you will try it.

Mingming: Right. If it is not tasty, I won't try it.

Lily : But if you don't taste it, how can you know whether it tastes good or not?

Mingming: If you don't try it, you won't know, and I also won't know. If you taste it, you know, and I also know.

Lily : But everybody has a different taste!

Lesson Three
第三课

shàng zhōng xià
上中下

Top, middle and bottom

2.3

Kèwén
课文
Text

Chant ❹

Tóu zài shàng, jiǎo zài xià, zhōngjiān yī shuāng shǒu.
头 在 上, 脚 在 下, 中间 一 双 手。

Bózi zhuàn yī zhuàn, jiānbǎng sōng yī sōng, gēbo shuǎi yī shuǎi.
脖子 转 一 转, 肩膀 松 一 松, 胳膊 甩 一 甩。

Pāipai wǒ de xiōng, pāipai nǐ de bèi;
拍拍 我 的 胸, 拍拍 你 的 背;

Wǎng qián wānwan yāo, wǎng hòu wānwan yāo;
往 前 弯弯 腰, 往 后 弯弯 腰;

Tīti wǒ de zuǒ tuǐ, tīti wǒ de yòu tuǐ,
踢踢 我 的 左 腿, 踢踢 我 的 右 腿,

liǎng jiǎo bìnglǒng tiào yī tiào.
两 脚 并拢 跳 一 跳。

Shēngcí
生词
New Words

bèi	背	*(n.)*	back
bìnglǒng	并拢	*(v.)*	to put together
bózi	脖子	*(n.)*	neck
dào	倒	*(adv.)*	instead
gēbo	胳膊	*(n.)*	arm
jiānbǎng	肩膀	*(n.)*	shoulder
jiǎo	脚	*(n.)*	foot
kělè	可乐	*(n.)*	cola
pāi	拍	*(v.)*	to pat
pí	皮	*(n.)*	skin (of fruit, vegetable)
pútao	葡萄	*(n.)*	grape
shàng	上	*(n.)*	top; upper
shuǎi	甩	*(v.)*	to swing (one's arm)
shuāng	双	*(m.)*	(for things in pairs, e.g., gloves, socks, shoes, eyes)
shuǐ	水	*(n.)*	water
sōng	松	*(v.)*	to relax
tíwèn	提问	*(v.)*	to ask a question
tiào	跳	*(v.)*	to jump
tóu	头	*(n.)*	head
tù	吐	*(v.)*	to spit
wān	弯	*(v./adj.)*	to bend; bent or crooked
wǎng	往	*(prep.)*	to
xià	下	*(n.)*	bottom
xiōng	胸	*(n.)*	chest
yāo	腰	*(n.)*	waist
yòng	用	*(v.)*	to use

yòu	右	*(n.)*	right
zhōng	中	*(n.)*	middle
zhōngjiān	中间	*(n.)*	middle
zhuàn	转	*(v.)*	to swivel; to turn
zuǒ	左	*(n.)*	left

2.3 Tìhuàn liànxí
替换练习
Substitution

yòng 用	yǎnjing 眼睛	kàn shū, 看书,	kàn bào 看报
	ěrduo 耳朵	tīng gē, 听歌,	tīng yīnyuè 听音乐
	bízi 鼻子	wén huā, 闻花,	wén cǎo 闻草

yòng 用	zuǐba 嘴巴	chī fàn, 吃饭,	chī miàn, 吃面,	chī jiǎozi 吃饺子
		hē shuǐ, 喝水,	hē chá, 喝茶,	hē kělè 喝可乐
		shuō huà, 说话,	tí wèn, 提问,	jiǎng gùshi 讲故事

2.3 Rào kǒu lìng
绕口令
A Tongue Twister

Chī pútao bù tǔ pútao pí,
吃葡萄不吐葡萄皮,

bù chī pútao dào tǔ pútao pí.
不吃葡萄倒吐葡萄皮。

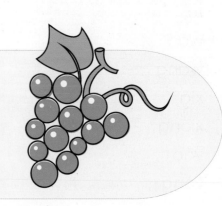

Hànzì xuéxí

2.3 汉字学习
Learning Chinese Characters

zuǒ	yòu	ěr
左	右	耳
左面, 左手	右面, 右手	牛耳, 左耳

Yīngwén fānyì

2.3 英文翻译
English Version

Chant 4

（My) Head is on the top, (my) feet are on the bottom, and (my) hands are in the middle.

Swivel, swivel (my) head around; shrug, shrug my shoulders; swing, swing my arms.

Pat, pat my chest; pat, pat your back.

Bend, bend forward, bend, bend backward;

Kick, kick my left leg; kick, kick my right leg.

Keep my feet together and jump, jump.

Lesson Four
第四课

Tā lái bu lái?
他来不来?

Is he coming?

Huìhuà
会话
Conversation

Tāngmǔ : Jiékè jīntiān lái le ma?
汤姆　：杰克 今天 来 了 吗?

Zhēnní : Jiékè jīntiān méi lái. Tā zuótiān láiguo le.
珍妮　：杰克 今天 没来。他 昨天　来过 了。

Tāngmǔ : Tā jīntiān lái bu lái ne?
汤姆　：他 今天　来 不来 呢?

Zhēnní : Tā jīntiān bù lái. Tā shuō tā jiā li yǒu shì.
珍妮　：他 今天 不来。他 说 他 家 里 有事。

Tāngmǔ : Jiékè bù lái, Lǐ Míng yě bù huì lái le.
汤姆　：杰克 不来，李明　也 不 会 来 了。

Zhēnní : Zhǐ yǒu wǒmen liǎng ge rén le. Gàn shénme ne?
珍妮　：只 有 我们　两 个 人 了。干 什么 呢?

Tāngmǔ : Qù wǒ jiā kàn diànshì ba.
汤姆　：去 我 家 看 电视 吧。

Zhēnní : Nǐ nàxiē piānzi wǒ dōu kànguo le.
珍妮　：你 那些 片子 我 都 看 过 了。

Tāngmǔ : Wǒ zuìjìn yòu mǎile yīxiē xīn de. Hái yǒu CD.
汤姆　：我 最近 又 买 了 一些 新 的。还 有 CD.

Zhēnní : Nàme, qù nǐ jiā tīng yīnyuè zěnmeyàng?
珍妮　：那么，去 你 家 听 音乐 怎么样?

Tāngmǔ : Hǎo a! Wǒ yī ge rén tīng méi yìsi.
汤姆　：好 啊! 我 一个 人 听 没 意思。

Zhēnní : Nǐ wǎnshang chángcháng kàn diànshì ma?
珍妮　：你 晚上　常常　　看 电视 吗?

Tāngmǔ : Shì de. Dànshì, wǒ báitiān hěn shǎo kàn diànshì.
汤姆　：是 的。但是，我 白天　很 少 看 电视。

Zhēnní : Nǐ báitiān chángcháng gàn shénme?
珍妮　：你 白天　常常　　干 什么?

Tāngmǔ : Wǒ báitiān chángcháng tīng yīnyuè huòzhě dǎ qiú.
汤姆　：我 白天 常常　　听 音乐 或者 打 球.

2.4

Shēngcí
生词
New Words

báitiān	白天	(n.)	daytime
chángcháng	常常	(adv.)	often
dǎng	挡	(v.)	to block; to keep away
dòng	动	(v.)	to act; to move
gàn	干	(v.)	to do
hēi	黑	(adj.)	black
hěn shǎo	很少		seldom; very few or little
huòzhě	或者	(conj.)	or
kē	颗	(m.)	(for pellet-like objects)
ná	拿	(v.)	to take
nàme	那么	(conj.)	then; in that case
piānzi	片子	(n.)	movie; film
shàngbian	上边	(n.)	top
xiàbian	下边	(n.)	bottom
xiang	像	(v.)	to be like
xīn	新	(adj.)	new
zhǐ	只	(adv.)	only
zuìjìn	最近	(adv.)	lately; recently

2.4

Wánchéng duìhuà
完成对话
Complete the Dialogues

例 A： Tāngmǔ jīntiān lái le ma?
汤姆 今天 来 了 吗？

B： Tāngmǔ jīntiān méiyǒu lái.
汤姆 今天 没有 来。

1 A： Nǐ báitiān chángcháng gàn shénme?
你 白天 常常 干 什么？

B：
_____

2 A: Qù nǐ jiā tīng yīnyuè zěnmeyàng?
去 你 家 听 音乐 怎么样？

B: _____

3 A: _____

B: Wǒ wǎnshang chángcháng kàn diànshì.
我 晚上 常常 看 电视。

4 A: _____

B: Tāngmǔ jīntiān bù huì lái le.
汤姆 今天 不 会 来 了。

2.4 Dú yī dú , shuō yī shuō
读一读、说一说
Read and Talk

Wǒ shǔ lóng, jīnnián shí'èr suì. Wǒ de yǎnjing hěn dà, zhǎng de
我 属龙， 今年 12 岁。我 的 眼睛 很 大， 长 得

xiàng māma; wǒ de bízi hěn gāo, zhǎng de xiàng bàba; wǒ de zuǐba
像 妈妈； 我 的 鼻子 很 高， 长 得 像 爸爸； 我 的 嘴巴

hěn xiǎo, zhǎng de xiàng nǎinai. Wǒ tiāntiān yào duànliàn shēntǐ, wǒ
很 小， 长 得 像 奶奶。我 天天 要 锻炼 身体，我

shēntǐ hěn hǎo. Báitiān chángcháng dǎ qiú, wǎnshang chángcháng tīng
身体 很 好。白天 常常 打 球， 晚上 常常 听

yīnyuè, yǒushíhou kàn shū.
音乐， 有时候 看 书。

2.4 Míyǔ
谜语
Guessing the Riddle

A. What two things are we?

Kàn bu jiàn, dǎng shàng diǎn;
看 不 见， 挡 上 点；

zǒu bu dòng, ná shàng diǎn.
走 不 动， 拿 上 点。

( )

B. Which organ am I?

Shàngbian máo, xiàbian máo,
上 边 毛， 下 边 毛，

zhōngjiān yī kē hēi pútao.
中 间 一 颗 黑 葡萄。

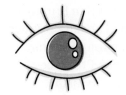

( )

Yǔyán yàodiǎn
语言要点
Language Function

2.4

1. When you want to do something with something, you say:

Wǒ yòng 我 用	yǎnjing 眼睛	kàn shū. 看 书。
	zuǐba 嘴巴	chī fàn. 吃 饭。
	bízi 鼻子	wén huā. 闻 花。
	ěrduo 耳朵	tīng gē. 听 歌。

2. The verb and object agreement:

chī fàn 吃 饭	hē shuǐ 喝 水	shuō huà 说 话	tīng gē 听 歌

Wénhuà xiǎo chángshí
文化小常识
Culture Study

2.4

Eight major dialects 八大方言

bā 八	dà 大	fāng yán 方 言
eight	big	local dialect

China has eight major dialects. Mandarin is the official language and it is based on Beijing dialect. There are many variations between each city. The eight major dialects are:

1. Northern dialect
2. Wu (Shanghai and the eastern cities)
3. Gan (Jiangxi Province)
4. North Min (Fujian Province)
5. South Min (Taiwan Province)
6. Yue (Guangdong Province)
7. Xiang (Hunan Province)
8. Kejia (primarily in the provinces of Guangdong, Hunan, Jiangxi, and Yunnan)

The 55 ethnic minorities mostlyspeak their own languages.

2.4

Yīngwén fānyì
英文翻译
English Version

Conversastion

Tom : Has Jack come yet today?

Jean : He hasn't come yet today. He came yesterday.

Tom : Is he coming today or not?

Jean : He isn't coming today. He said he had something to do at home.

Tom : Jack isn't coming, and Li Ming isn't coming, either.

Jean : There're only the two of us. What should we do?

Tom : Let's go to my house to watch TV.

Jean : I've already watched all your VCDs.

Tom : I have bought some new ones recently, and also some CDs.

Jean : How about going to your home to listen to some music?

Tom : Fine! It's not interesting listening (to music) by myself.

Jean : Do you usually watch TV in the evening?

Tom : Yes. But I seldom watch TV in the daytime.

Jean : What do you usually do in the daytime?

Tom : I usually listen to music or play ball in the daytime.

Lesson Five
第五课

2.5

Xiǎo xiàngsheng

小 相 声

Chinese Crosstalk

A: Nǐ shuō yǎnjing、 bízi、 ěrduo hé zuǐba, nǎge zuì zhòngyào?
你 说 眼睛、 鼻子、 耳朵 和 嘴巴，哪个 最 重要？

B: Wǒ xiǎng ěrduo zuì zhòngyào.
我 想 耳朵 最 重要。

A: Wèishénme ěrduo zuì zhòngyào ne?
为什么 耳朵 最 重要 呢？

B: Ěrduo rúguǒ tīng bu jiàn, jiù bù néng xué shuō huà le.
耳朵 如果 听 不 见，就 不 能 学 说 话 了。

A: Méi guānxi a. Tīng bu jiàn, bù huì shuō huà, jiù bùyòng shàng kè le.
没 关系 啊。听 不 见，不 会 说 话，就 不 用 上 课了。

B: Nà bízi zuì zhòngyào.
那 鼻子 最 重要。

A: Bízi wèishénme zuì zhòngyào ne?
鼻子 为什么 最 重要 呢？

B: Bízi yào hūxī a.
鼻子 要 呼吸 啊。

A: Hūxī kěyǐ yòng zuǐba. Bù yídìng yào yòng bízi.
呼吸 可以 用 嘴巴。不 一定 要 用 鼻子。

B: Dànshì, bízi wén bu chū chòuwèi, rúguǒ chīle chòu de dōngxi,
但是，鼻子 闻 不 出 臭味， 如果 吃了 臭 的 东西，
jiù huì dùzi téng.
就 会 肚子 疼。

A: Méi guānxi, chòudòufu chīzhe jiù hěn xiāng.
没 关系，臭豆腐 吃着 就 很 香。

B: Nà yǎnjing kě shì zuì zhòngyào de le.
那 眼睛 可是 最 重要 的 了。

A: Yǎnjing kàn bu jiàn le, jiù bùyòng zuò zuòyè le.
眼睛 看 不 见 了，就 不 用 做 作业 了。

B: Nǐ shuō shénme zuì zhòngyào?
你 说 什么 最 重要？

A: Wǒ juéde zuǐba zuì zhòngyào. Rén bù néng bù chī dōngxi a!
我 觉得 嘴巴 最 重要。 人 不 能 不吃 东西 啊!

B: Nǐ dàgài yòu xiǎng chī dōngxi le ba.
你 大概 又 想 吃东西 了 吧。

A: Wǒ tīngjiàn chǎo cài de shēngyīn le, kànjiàn wǒ māma duānzhe wǎn,
我 听见 炒 菜 的 声音 了,看见 我 妈妈 端着 碗,
wén dàole xiāngwèi.
闻 到了 香味。

B: Wǒ de kǒushuǐ dōu yào liú chūlai la.
我 的 口水 都 要 流 出来 啦。

2.5 Shēngcí 生词 New Words

chǎo cài	炒菜		to cook a dish
chòudòufu	臭豆腐	(n.)	strong-smelling preserved fermented bean curd
dàgài	大概	(adv.)	probably; maybe
dànshì	但是	(conj.)	but
dùzi	肚子	(n.)	stomach; belly
duān	端	(v.)	to carry (for a server in a restaurant)
hūxī	呼吸	(v./n.)	to breathe; breath
kě	可	(adv.)	(used for emphasis)
kǒushuǐ	口水	(n.)	saliva; drool
liǎ	俩	(n.)	two (persons)
liú	流	(v.)	to flow (for liquid); to drool
nǎge	哪个	(pron.)	which
nà	那	(conj.)	then
shēngyīn	声音	(n.)	sound; voice
shízài	实在	(adv.)	truly; actually
téng	疼	(adj.)	to ache
zhòngyào	重要	(adj.)	important

2.5

Dú yī dú , shuō yī shuō
读一读、说一说
Read and Talk

Read and answer the questions:

Xiǎomíng yòng yǎnjing kàn shū, kànle yī běn yòu yī běn, shízài xǐhuan
小明 用 眼睛 看书, 看了一本 又 一 本, 实在喜欢

kàn. Xiǎomíng kàn wán shū, jiù lái gěi dàjiā jiǎng gùshi. Dàwèi yòng
看。小明 看 完 书, 就来给大家讲 故事。大卫 用

ěrduo tīng yīnyuè, tīngle yòu tīng. Yīnyuè zhēn hǎotīng. Xiǎomíng hé
耳朵 听 音乐, 听了又 听。音乐 真 好听。 小明 和

Dàwèi shì hǎo péngyou. Tāmen liǎ dōu xǐhuan chī jiǎozi. Tāmen yòng
大卫 是 好 朋友。 他们 俩 都 喜欢 吃 饺子。他们 用

zuǐba dà kǒu dà kǒu chī jiǎozi, chīle yī ge yòu yī ge, jiǎozi shízài shì
嘴巴大口 大 口 吃 饺子, 吃了 一 个 又 一 个, 饺子 实在 是

hǎochī.
好吃。

Questions:

Q1: Xiǎomíng yòng shénme kàn shū?
小明 用 什么 看书?

Q2: Xiǎomíng kàn wán shū gàn shénme?
小明 看 完 书 干 什么?

Q3: Dàwèi yòng ěrduo gàn shénme?
大卫 用 耳朵 干 什么?

Q4: Xiǎomíng hé Dàwèi shì hǎo péngyou ma?
小明 和大卫是 好 朋友 吗?

Q5: Tā liǎ dōu xǐhuan chī shénme?
他 俩 都 喜欢 吃 什么?

Wèishénme?
为什么?

Answers:

A1:

A2:

A3:

A4:

A5:

Kàn tú shuō huà
看图说话
Say something about the picture

2.5

Zào jù
造句
Mske Sentences

2.5

Write three sentences after the sample:

Xiǎomíng yòng shǒu xiě zì, yòng jiǎo tī qiú.
小明　　 用　手　写字，用　脚　踢　球。

Hànzì xuéxí
汉字学习
Learning Chinese Characters

2.5

口头　身手　见面　右耳　头上　上身

左右　下面　左手

zǔcí chéng jù
组词成句
Complete the Sentences

2.5

1. běn guo　xīngqī　shū　shàng ge　wǒ zhè　kàn
　　本　过　星期　书　上个　我 这　看

_____

2. yīnyuè　chángcháng　huòzhě　wǒ　dǎ qiú　tīng　báitiān
　　音乐　常常　或者　我　打球　听　白天

_____

3. yìsi　shū　juéde　wǒ yǒu　běn　zhè　hěn
　　意思　书　觉得　我 有　本　这　很

_____

4. bù　jīntiān　le　lái　Tāngmǔ　huì
　　不　今天　了　来　汤姆　会

_____

Yīngwén fānyì
英文翻译
English Version

2.5

Chinese Crosstalk

A: Eyes, nose, ears or mouth, which do you think is the most important?

B: I think ears are the most important.

A: Why are ears the most important?

B: If ears couldn't hear, we couldn't learn to speak.

A: That would be okay. If we couldn't hear and we couldn't speak, we wouldn't to go to class.

B: So, the nose is the most important.

A: Why is the nose the most important?

B: We need a nose to breathe.

A: We can use our mouth to breathe. We don't have to use our nose.

B: But if noses couldn't smell bad odors, we might eat spoiled food and get a stomach-ache.

A: Sometimes smelly food is okay. Stinky tofu tastes good.

B: So, eyes are probably the most important.

A: If eyes couldn't see, we wouldn't need to do homework.

B: So, what do you think is the most important?

A: I think the mouth is the most important. People can eat nothing without the mouth.

B: You must be thinking of eating again.

A: I hear the sound of cooking, see my mother holding a bowl, and smell the delicious aroma (of the meal).

B: I am also starting to drool.

Jiàoxué zhòngdiǎn

2.5 教学重点

● 一、词汇

  1. 人体器官名词：
    头、眼睛、鼻子、嘴巴、耳朵、
    胳膊、手、腿、脚、胸、背、
    腰、肩膀、肚子、脖子

  2. 认读6个生字和所有词汇

● 二、句型

  1. 动词重叠：
    看（一、了）看、听（一、了）听

  2. 副词+动词：
    常常、有时候、很少+做

Xuéxiào Zài Nǎli

学校在哪里

WHERE IS THE SCHOOL

3
UNIT
第三单元

Objectives

Upon successful completion of unit 3, students will be able to: >>

★ use the appropriate words to indicate directions or location accordingly;
★ use the following sentence patterns in a conversation or statement:
1. correctly use the sentences indicating the possible choices, e.g., ...还是...,
2. correctly use the sentence patterns with words to indicate the direction or location of some object,
3. correctly use the terms to indicate a period of time or from one location to another;
★ learn 5 Chinese characters and phrases.

Lesson One
第一课

Zhōngjiān shì shui?
中间是谁?

Who is in the middle?

3.1
Kèwén
课文
Text

Chant ❶

Shàngmian shì tiān,
上面　　是 天，

xiàmian　　shì dì,
下面　　是 地，

zhōngjiān　　shì wǒ.
中间　　是 我。

Zuǒmian　　shì nǐ,
左面　　是 你，

yòumian　　shì tā,
右面　　是 他，

zhōngjiān　yě shì wǒ.
中间　　也 是 我。

Qiánmian　　shì lǎoshī,
前面　　是 老师，

hòumian　　shì tóngxué,
后面　　是 同学，

zhōngjiān　hái shì wǒ.
中间　　还 是 我。

3.1
Shēngcí
生词
New Words

dì	地	*(n.)*	ground; earth
hòumian	后面	*(n.)*	at/in the back; behind
huà chū	画出		to draw
qiánmian	前面	*(n.)*	at/in the front
shàngmian	上面	*(n.)*	above; over; top

wèizhi	位置	(n.)	position
xiàmian	下面	(n.)	below; under; bottom
yīgòng	一共	(adv.)	altogether
yòumian	右面	(n.)	on the right
zuǒmian	左面	(n.)	on the left

3.1 Huìhuà 会话 Conversation

Bàba : Xiǎohuā, nǐ kàn, qiánmian zhōngjiān de nàge rén shì shuí?

爸爸 : 小花，你看，前面 中间 的那个人是谁？

Xiǎohuā: Qiánmian zhōngjiān de shì Jiékè.

小花 : 前面 中间 的是杰克。

Bàba : Jiékè de zuǒmian shì shuí?

爸爸 : 杰克的左面 是谁？

Xiǎohuā: Tā de zuǒmian shì Mǎlì.

小花 : 他的左面 是玛丽。

Bàba : Jiékè de yòumian shì shuí?

爸爸 : 杰克的右面 是谁？

Xiǎohuā: Tā yòumian shì Zhēnní, hòumian shì Tāngmǔ.

小花 : 他右面 是珍妮，后面 是汤姆。

Answer questions :

1. Yīgòng yǒu jǐ ge rén?

   一共 有几个人？

   _____

2. Qǐng huà chū tāmen de wèizhi.

   请 画 出他们 的位置。

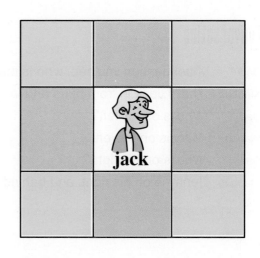

多音节　Multi-syllable:

xué Hànyǔ	chī miànbāo	fēijīchǎng
xué Yīngyǔ	chī miàntiáo	huǒchēzhàn
xué Zhōngwén	chī jiǎozi	chūzūchē
xué Yīngwén	chī dàngāo	dàshǐguǎn
kàn diànshì	tī zúqiú	duànliàn shēntǐ
tīng lùyīn	dǎ lánqiú	xuéxí shūfǎ
kāi wánxiào	kāi qìchē	dǎsǎo wèishēng
dǎ diànhuà	zuò yóuxì	fāzhǎn jīngjì

Yīngwén fānyì
英文翻译
English Version

Chant 1

Above is the sky, below is the earth, and in the middle am I.

On the left are you, on the right is he, and in the middle am I, too.

In front of me is my teacher, behind me is my schoolmate, and still in the middle am I.

Conversation

Dad : Xiaohua, can you see, who is that person in front of us and and in the middle?

Xiaohua : That's Jack in front of us and in the middle.

Dad : Who is on his left?

Xiaohua : Mary is on his left.

Dad : Who is on his right?

Xiaohua : Jenny is on his right, and behind him is Tom.

Lesson Two
第二课

Zài nǎli?
在哪里?

Where is it?

Kèwén
课文
Text

3.2

Chant ❷

Yóujú zài nǎli?
邮局 在 哪里?

Yīzhí xiàng qián zǒu.
一直 向 前 走。

Fàndiàn zài nǎli?
饭店 在 哪里?

Qiánmian xiàng zuǒ guǎi.
前面 向 左 拐。

Xuéxiào zài nǎli?
学校 在 哪里?

Qiánmian xiàng yòu guǎi.
前面 向 右 拐。

Qiúchǎng zài nǎli?
球场 在 哪里?

Zhuǎn shēn xiàng hòu zǒu.
转 身 向 后 走。

Shēngcí
生 词
New Words

3.2

bīnguǎn	宾馆	*(n.)*	hotel
fàndiàn	饭店	*(n.)*	restaurant; hotel
guǎi	拐	*(v.)*	to turn
hòu	后	*(n.)*	behind; after; later
nǎli	哪里	*(pron.)*	where
piàn	片	*(m.)*	piece
qian	前	*(n.)*	front; before; ago

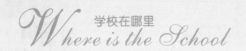
qiúchǎng	球场	(n.)	court (for some ball games)
xiàng	向	(prep.)	towards; to
yīzhí	一直	(adv.)	straight; always
yóujú	邮局	(n.)	post office
yínháng	银行	(n.)	bank
zhuǎn	转	(v.)	to turn; to turn around
zhuǎn shēn	转身		to turn around; to turn back
zǒu	走	(v.)	to walk

Huìhuà
会话
Conversation

Dàwèi : Wǎng Lán, yóujú zài nǎli?
大卫 : 王兰, 邮局 在 哪里?

Wǎng Lán : Yóujú zài xuéxiào de zuǒmian.
王兰 : 邮局 在 学校 的 左面。

Dàwèi : Xuéxiào de yòumian shì shénme?
大卫 : 学校 的 右面 是 什么?

Wǎng Lán : Xuéxiào de yòumian shì yínháng.
王兰 : 学校 的 右面 是 银行。

Dàwèi : Fàndiàn zài nǎli?
大卫 : 饭店 在 哪里?

Wǎng Lán : Fàndiàn zài xuéxiào de hòumian. Nǐ zǒu chū
王兰 : 饭店 在 学校 的 后面。 你 走 出

xuéxiào, xiàng zuǒ guǎi shì yóujú, zài xiàng
学校, 向 左 拐 是 邮局, 再 向

zuǒ guǎi shì fàndiàn.
左 拐 是 饭店。

Dàwèi : Xièxie!
大卫 : 谢谢!

Wǎng Lán : Bùyòng xiè.
王兰 : 不用 谢。

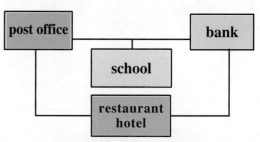

UNIT
第三单元

Tìhuàn liànxí
替换练习
Substitution

3.2

| Yóujú 邮局 | zài nǎli? 在 哪里? | Qiánmian xiàng 前面 向 | zuǒ guǎi. 左 拐。 |
| Xuéxiào 学校 | | | yòu guǎi. 右 拐。 |

Nǐ yào qù nǎli?
你 要 去 哪里？

Wǒ yào qù
我 要 去

jīchǎng.
机场。

fàndiàn.
饭店。

bīnguǎn.
宾馆。

shāngdiàn.
商店。

Hànzì xuéxí
汉字学习
Learning Chinese Characters

3.2

zǒu
走
走好,走了

duō
多
大多,好多

shǎo
少
多少,少见

3. 2 *Where is it?*   61

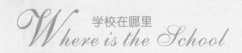

3.2

Míyǔ
谜语
Guessing the Riddle

Zuǒ yī piàn, yòu yī piàn;
左 一 片， 右 一 片，

tīng de jiàn, kàn bu jiàn.
听 得 见， 看 不 见。

( )

3.2

Yīngwén fānyì
英文翻译
English Version

Chant 2

Where is the post office? Go straight ahead.
Where is the restaurant? Go ahead and turn left.
Where is the school? Go ahead and turn right.
Where is the (basketball) court? Make a U-turn and go back.

Conversation

David : Wang Lan, where is the post office?

Wang Lan : The post office is to the left of the school.

David : What is to the right of the school?

Wang Lan : There is a bank to the right of the school.

David : Where is the restaurant?

Wang Lan : The restaurant is behind the school. Go out of the school, turn to the left, and there is the post office, then turn to the left again, and there is the restaurant.

David : Thank you!

Wang Lan : You are welcome.

Lesson Three
第三课

Nǐ dǎsuan zěnme qù?
你打算怎么去？

How do you plan to get there?

3.3 Kèwén
课文
Text

Chant ❸

Nǐ yào qù nǎli?
你要去哪里？

Wǒ qù bówùguǎn.
我去博物馆。

Dǎsuan zěnme qù?
打算 怎么 去？

Dǎsuan qí chē qù.
打算 骑 车 去。

Nǐ yào qù nǎli?
你要去哪里？

Wǒ yào qù jīchǎn.
我要去机场。

Dǎsuan zěnme qù?
打算 怎么 去？

Dǎsuan dǎ dí qù.
打算 打的 去。

Nǐ yào qù nǎli?
你要去哪里？

Wǒ yào qù bīnguǎn.
我要去宾馆。

Dǎsuan zěnme qù?
打算 怎么 去？

Dǎsuan zuò dìtiě.
打算 坐 地铁。

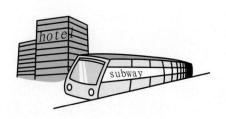

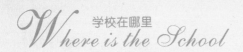

3.3

Shēngcí
生 词
New Words

bówùguǎn	博物馆	*(n.)*	museum
chūzūchē	出租车	*(n.)*	taxi
cóng	从	*(prep.)*	from
cóng…dào…	从…到…		from…to…
dǎ dí	打的		to take a taxi
dìfang	地方	*(n.)*	place
dìtiě	地铁	*(n.)*	subway
fāngbiàn	方便	*(adj.)*	convenient
fēnzhōng	分钟	*(n.)*	minute
gōnggòng qìchē	公共汽车		bus
guǎngchǎng	广场	*(n.)*	square; plaza
jīchǎng	机场	*(n.)*	airport
jìn	近	*(adj.)*	near
lóu	楼	*(n.)*	building
mótuōchē	摩托车	*(n.)*	motorbike
qí chē	骑车		to ride a bicycle
xíngli	行李	*(n.)*	luggage; baggage
yuǎn	远	*(adj.)*	far
zhàn	站	*(n.)*	bus stop; train station
zìxíngchē	自行车	*(n.)*	bicycle; bike
zǒu lù	走路		to walk; to go on foot

3.3

Huìhuà
会 话
Conversation

A: Qǐng wèn, bówùguǎn zài nǎli?
     请问， 博物馆 在 哪里？

B: Xiàng qián zǒu, zài xiàng zuǒ guǎi jiù dào le.
     向 前 走，再 向 左 拐 就 到 了。

A: Cóng zhèli dào nàli hěn yuǎn ma?
从 这里到 那里很 远 吗?

B: Bù yuǎn, hěn jìn, zǒu lù èrshí fēnzhōng jiù dào le.
不远, 很 近, 走路20 分钟 就到了。

A: Nàli yǒu yínháng ma?
那里有 银行 吗?

B: Yǒu, bówùguǎn qiánmian shì guǎngchǎng, hòumian shì yínháng.
有, 博物馆 前面 是 广场, 后面 是银行。

A: Zuò dìtiě kěyǐ dào nàli ma?
坐地铁可以到那里吗?

B: Kěyǐ. Dìtiězhàn zài nàli.
可以。地铁站 在 那里。

A: Gōnggòng qìchē zhàn zài nǎli?
公共 汽车站 在 哪里?

B: Gōnggòng qìchē zhàn zài nà liǎng zuò dà lóu de zhōngjiān.
公共 汽车站 在那两 座大 楼的 中间。

A: Wǒ de xíngli tài duō, zǒu lù bù fāngbiàn.
我 的 行李 太多, 走路不方便。

Wǒ háishi dǎ dí qù ba.
我还是打的去吧。

Wánchéng duìhuà
完成对话
Complete the Dialogues

例 A: Qǐngwèn, bówùguǎn zài nǎli?
请问, 博物馆 在 哪里?

B: Xiàng qián zǒu, zài xiàng zuǒ guǎi jiù dào le.
向 前 走,再 向 左拐 就到了。

1 A: Dǎsuan zuò dìtiě háishi dǎ dí?
　　打算　坐　地铁还是打的?

　　B:
　　_____

2 A: Cóng zhèr dào nàr hěn yuǎn ma?
　　从　这儿到 那儿很 远　吗?

　　B:
　　_____

3 A:
　　_____

　　B: Kéyǐ. Dìtiě zhàn zài nàli.
　　可以。地铁 站 在 那里。

4 A:
　　_____

　　B: Wǒ dǎsuan dǎ dí qù.
　　我　打算　打的去。

5 A:
　　_____

　　B: Qiánmian xiàng zuǒ guǎi jiù dào le.
　　前面　向　左拐就到了。

Tìhuàn liànxí
3.3 替换练习
Substitution

Nǐ dǎsuan zěnme qù?
你打算　怎么 去?

Wǒ dǎsuan
我 打算

zuò dìtiě.
坐　地铁。

zuò chūzūchē.
坐　出租车。

zuò gōnggòng qìchē.
坐　公共　汽车。

qí zìxíngchē.
骑 自行车。

qí mótuōchē.
骑 摩托车。

3.3 汉字学习

Hànzì xuéxí

汉字学习

Learning Chinese Characters

zài
在
在左面，在右面

chē
车
马车，牛车，下车

3.3 英文翻译

Yīngwén fānyì

英文翻译

English Version

Chant 3

Where are you going? I am going to the museum.
How are you going there? I am going by bike.
Where are you going? I am going to the airport.
How are you going there? I am going by taxi.
Where are you going? I am going to the hotel.
How are you going there? I am going by subway.

Conversation

A: Excuse me, where is the museum?

B: Go ahead, and then turn left, and you are there.

A: Is it very far from here?

B: Not so far. (In fact) it's very near, and only 20 minutes' walk.

A: Is there a bank there?

B: Yes, there is. The museum is across from a square. Behind the museum is the bank.

A: Can I get there by subway?

B: Yes, you can. There is a subway station there.

A: Where is the bus stop?

B: The bus stop is between those two buildings.

A: I have too much luggage; it's not easy to get there on foot. I'll get there by taxi.

Lesson Four
第四课

qù jīchǎng

去机场

Going to the airport

Huìhuà

会话
Conversation

3.4

A: Chūzūchē!
出租车!

B: Qù nǎr?
去 哪儿?

A: Qù Shànghǎi bīnguǎn.
去 上海 宾馆。

B: Qǐng shàng chē. Nǐ zhù nàr ma?
请 上 车。你 住 那儿 吗?

A: Shì de. Xiān ná xíngli, ránhòu qù jīchǎng.
是 的。先 拿 行李,然后 去 机场。

B: Qǐngwèn nín zuò jǐ diǎn de fēijī?
请问 您 坐 几 点 的 飞机?

A: Sì diǎn bàn.
四 点 半。

B: Shì xiàwǔ sì diǎn bàn ma?
是 下午 四 点 半 吗?

A: Dāngrán shì xiàwǔ. Àiya! Shì shísì diǎn bàn.
当然 是 下午。哎呀! 是 十 四 点 半。

B: Bié jí! Nín shì zuò guójì hángbān háishi guónèi hángbān?
别急! 您 是 坐 国际 航班 还是 国内 航班?

A: Shì guónèi hángbān.
是 国内 航班。

B: Méi wèntí! Hái yǒu liǎng ge xiǎoshí.
没 问题! 还 有 两 个 小时。

A: Cóng zhèr dào nàr yào duōshao shíjiān?
从 这儿 到 那儿 要 多少 时间?

B: Dàgài bàn ge duō xiǎoshí.
大概 半 个 多 小时。

A: Qǐng nín kāi kuài diǎnr.
请 您 开 快 点儿。

B: Nín fàngxīn. Bǎozhèng nín zhǔnshí dào nàr.
您 放心。 保证 您 准时 到 那儿。

3.4 Shēngcí 生词 New Words

bǎozhèng	保证	*(v.)*	to guarantee; to ensure
bié	别	*(adv.)*	don't (+ verb) (for a negative command)
cái	才	*(adv.)*	really
fàngxīn	放心	*(v.)*	not to worry; to set one's mind at rest
guójì	国际	*(n.)*	international
guónèi	国内	*(n.)*	domestic; inside the country
hángbān	航班	*(n.)*	flight number
jí	急	*(adj.)*	urgent; worried
lǎoshi	老实	*(adj.)*	honest
lǎolǎoshíshí	老老实实	*(adj.)*	honest
méi wèntí	没问题		no problem; It's okay.
nín	您	*(pron.)*	you (polite form)
ránhòu	然后	*(adv.)*	then; afterwards
shàng chē	上车		to get in a car, bus or train
shí shì qiú shì	实事求是		based on solid evidence
wèntí	问题	*(n.)*	problem; question
zhù	住	*(v.)*	to live; to stay
zhǔnshí	准时	*(adv.)*	on time

● 专有名词 Proper Name

Shànghǎi	上海	Shanghai, a metropolitan in China

学校在哪里

Where is the School

Wánchéng duìhuà
完成对话
Complete the Dialogues

例 A：Nǐ zhù bīnguǎn ma?
你 住 宾馆 吗？

B：＿＿＿＿＿＿＿＿＿＿＿＿＿

1 A：Nǐ zuò jǐ diǎn de fēijī?
你 坐 几 点 的 飞机？

B：＿＿＿＿＿＿＿＿＿＿＿＿＿

2 A：Nǐ zuò guójì hángbān háishi guónèi hángbān?
你 坐 国际 航班 还是 国内 航班？

B：＿＿＿＿＿＿＿＿＿＿＿＿＿＿＿＿＿＿
＿＿＿＿＿＿＿＿＿＿＿＿＿＿＿＿＿＿

3 A：＿＿＿＿＿＿＿＿＿＿＿＿＿＿＿＿＿＿
＿＿＿＿＿＿＿＿＿＿＿＿＿＿＿＿＿＿

B：Cóng zhèr dào nàr yào bàn ge xiǎoshí.
从 这儿 到 那儿 要 半 个 小时。

Dú yī dú , shuō yī shuō
读一读、说一说
Read and Talk

Cóng wǒ jiā dào xuéxiào bù shì hěn yuǎn, wǒ huòzhě zuò dìtiě
从 我家 到 学校 不是 很 远， 我 或者 坐 地铁

qù, huòzhě qí chē qù, zǒu lù qù dàgài yào bàn ge xiǎoshí. Xuéxiào
去， 或者 骑车 去， 走 路 去 大概 要 半 个 小时。 学校

de zuǒmian shì yóujú, yòumian shì yínháng; xuéxiào qiánmian yǒu yī ge
的 左面 是 邮局， 右面 是 银行； 学校 前面 有一个

guǎngchǎng, hòumian yǒu yī ge bówùguǎn. Xuéxiào lǐmian yǒu
广场， 后面 有一个 博物馆。 学校 里面 有

túshūguǎn, wàimian yǒu bīnguǎn hé fàndiàn.
图书馆， 外面 有宾馆 和 饭店。

3.4

Rào kǒu lìng

绕口令

A Tongue Twister

Zhīdào jiù shì zhīdào, bù zhīdào jiù shì bù zhīdào.

知道 就是 知道, 不 知道 就 是 不 知道。

Bù yào zhīdào shuō bù zhīdào, yě bù yào bù zhīdào shuō zhīdào.

不要 知道 说 不 知道, 也 不要 不 知道 说 知道。

Lǎolǎoshíshí, shí shì qiú shì, zhè cái shì zhēn de zhīdào.

老老实实, 实事求是, 这 才是真 的 知道。

3.4

Wénhuà xiǎo chángshí

文化小常识

Culture Study

9,600,000 sq km land in China 九百六十万平方公里土地

bǎi	qiān	wàn		píng fāng
百	千	万		平方
hundred	thousand	million		square

gōng lǐ		tǔ dì
公里		土地
kilometer		land

The landform in China is higher in the west and lower in the east. As a result, rivers flow from west to east and empty into the sea. The Yellow River drains into the Bo Sea, the Yangtze river into the Eastern Sea, and the Zhu River empties into the Southern Sea.

Since China's area is so large, it has a diverse natural beauty which has attracted millions of visitors from all over the world. China's 18 thousand km coastline contains Hainan Island's beautiful beach resorts. The South is known for its natural scenery, including the Xishuang Banna Tropical Forest, the Kurst Land, the Yellow Fruit Tree Waterfall, and the Yaolin Cave. In the North, visitors can ride horses and camels running through the Inner Mongolia grasslands and crossing the Gobi Dessert. Numerous valuable plants and herbs are growing in forests and mountains all across China.

Conversation

A: Taxi!

B: Where are you going?

A: To the Shanghai Hotel.

B: Please get in. Are you staying there?

A: Yes. First I need to get my luggage and then go to the airport.

B: May I ask you what time your flight is?

A: 4:30.

B: Is it 4:30 in the afternoon?

A: Of course it's in the afternoon. Oh, no! It's 14:30!

B: Don't worry! Will you take an international or a domestic flight?

A: Domestic.

B: No problem. There are two hours to go.

A: How long does it take to get there from here?

B: Probably just over half an hour.

A: Please drive faster.

B: Relax! (Don't worry!) I guarantee we'll get there on time.

Lesson Five
第五课

3.5 Xiǎo xiàngsheng
小 相 声
Chinese Crosstalk

A: Qǐngwèn, cèsuǒ zài nǎli?
请问， 厕所 在 哪里？

B: Qiánmian xiàng zuǒ guǎi, yìzhí zǒu jiù dào le.
前面 向 左 拐， 一直 走 就 到 了。

A: Bù duì. Wǒ gāng cóng nàli guòlai.
不对。我 刚 从 那里 过来。

B: Zěnme huì zhǎo bu dào ne?
怎么 会 找 不到 呢？

A: Nàge cèsuǒ bù shì wǒ yào zhǎo de cèsuǒ.
那个 厕所 不 是 我 要 找 的 厕所。

B: Nǐ yào zhǎo nǎge cèsuǒ?
你 要 找 哪个 厕所？

A: Wǒ yào zhǎo nǚ cèsuǒ.
我 要 找 女 厕所。

B: Nǐ shì nán de háishi nǚ de?
你 是 男 的 还是 女 的？

A: Wǒ dāngrán shì nán de.
我 当然 是 男 的。

B: Nà nǐ wèishénme yào zhǎo nǚ cèsuǒ?
那 你 为什么 要 找 女 厕所？

A: Wǒ yào qù dǎsǎo yí xià. Wǒ shì xīn lái de qīngjiégōng.
我 要 去 打扫 一下。我 是 新 来 的 清洁工。

B: Nǐ yìzhí xiàng qián zǒu, zài wǎng yòu guǎi jiù dào le.
你 一直 向 前 走，再 往 右 拐 就 到 了。

A: Wǒ hái yào dǎtīng yí xià: túshūguǎn zài shénme dìfang?
我 还要 打听 一下：图书馆 在 什么 地方？

B: Chūle zhège mén, wǎng qián zǒu, jiù dào le.
出了 这个 门，往 前 走，就 到 了。

A: Túshūguǎn fēn nán nǚ ma?
图书馆 分男 女吗?

B: Túshūguǎn dāngrán bù fēn nán nǚ. Dànshì, túshūguǎn de cèsuǒ shì fēn nán nǚ de.
图书馆 当然 不分男 女。但是，图书馆 的 厕所是分男 女的。

Shēngcí
生词
New Words

3.5

cèsuǒ	厕所	(n.)	restroom; toilet; W.C.
dǎsǎo	打扫	(v.)	to sweep; to dust
dǎting	打听	(v.)	to ask about; to inquire about
fēn	分	(v.)	to divide; to separate
mòshēngrén	陌生人	(n.)	stranger
qīngjiégōng	清洁工	(n.)	janitor; caretaker (of a building); trash collector; cleaner
zhǎo	找	(v.)	to look for; to find
zhǐ lù	指路		to point the direction

Yǔyán yàodiǎn
语言要点
Language Function

3.5

When you need the direction to a place, you ask:

…… zài nǎli?
… …在 哪里？

Dú yī dú , shuō yī shuō
读一读、说一说
Read and Talk

3.5

Xiànzài shì xiàwù sì diǎnzhōng, Jiékè fàng xué huí jiā. Jīntiān Jiékè
现在 是下午四点钟， 杰克放 学 回家。今天 杰克

hěn gāoxìng, yīnwèi tā xué huìle xiě "shàng、zhōng、xià, qián、hòu、
很 高兴， 因为他学 会了写 "上、中、 下，前、后、

zuǒ、 yòu". Xiànzài, tā kěyǐ gěi mòshēngrén zhǐ lù. Tā hái xué huìle
左、 右"。现在， 他 可以 给 陌生人 指路。他 还 学 会了

qù jīchǎng yào dǎ dí, qù bīnguǎn kěyǐ zuò dìtiě, yīnwèi zhèxiē
去 机场 要 打 的，去 宾馆 可以 坐 地铁，因为 这些

dìfang dōu hěn yuǎn. Bówùguǎn hěn jìn, kěyǐ qí zìxíngchē qù.
地方 都 很 远。 博物馆 很 近，可以 骑 自行车 去。

(一) Answer the following questions:

Questions:

Answers :

Q1: Jiékè jǐ diǎn fàng xué huí jiā?
杰克 几 点 放学 回家？

A1:

Q2: Jiékè kěyǐ zǒu lù qù jīchǎng ma?
杰克 可以 走 路 去 机场 吗？

A2:

Q3: Jīntiān Jiékè gāoxìng ma? Wèishénme?
今天 杰克 高兴 吗？ 为什么？

A3:

Q4: Jiékè kěyǐ qí zìxíngchē qù nǎli?
杰克 可以 骑 自行车 去 哪里？

Wèishénme?
为什么？

A4:

Q5: Jīntiān Jiékè shàng kè le ma?
今天 杰克 上 课 了 吗？

Tā xué huìle shénme?
他 学 会了 什么？

A5:

(二) Match:

jīchǎng 机场	qí zìxíngchē 骑 自行车
bówùguǎn 博物馆	dǎ dí 打 的
bīnguǎn 宾馆	zuò dìtiě 坐 地铁

学校在哪里
Where is the School

3.5

Kàn tú shuō huà
看图说话
Say something about the pictures

Say three or four sentences about the picture below:

_____

_____

_____

_____

_____

_____

3.5

Zào jù
造句
Make Sentences

Make sentences after the sample.

Dàwèi dǎ dí qù jīchǎng.
大卫 打 的 去 机场。

_____

_____

上车　下车　马车　多少人　在右面走

我在车子的左面走。女儿在我的右面走。

1. yòumian　de　fàndiàn　xuéxiào　shì
　　右面　　的　饭店　　学校　　是

_____

2. zuǒmian　de　yóujú　xuéxiào　zài
　　左面　　的　邮局　学校　　在

_____

3. yuǎn　nàli　　dào　hěn　　zhèli　ma　cóng
　　远　　那里　　到　很　　这里　吗　从

_____

4. dǎ dí　nǐ　　dìtiě　　dǎsuan　zuò　háishi
　　打 的　你　　地铁　　打算　　坐　还是

_____

3.5

Yīngwén fānyì
英文翻译
English Version

Chinese Crosstalk

A: Excuse me, where is the toilet?

B: Go straight ahead, turn left, and then go straight again; you can't miss it.

A: Oh, no, I just came from that way.

B: Why you couldn't find it?

A: That is not the toilet I'm looking for.

B: Which toilet are you trying to find?

A: I want to find the women's toilet.

B: Are you a man or a woman?

A: I am a man, of course.

B: Then why are you looking for the women's toilet?

A: I need to clean it. I am the new cleaner.

B: Walk straight ahead, then turn right, and you are there.

A: By the way, where is the library?

B: Go out of this door, walk straight ahead and there it is.

A: Is the library separated into men's and women's?

B: Of course the library is not separated. But, the library toilets are separated into men's and women's.

3.5

Jiàoxué zhòngdiǎn
教 学 重 点

● 一、词汇

   1. 方位词：
      上、下、左、右、前、
      后、里、外（面、边）

   2. 认读5个生字和所有词汇

● 二、句型

   1. 选择：
      ……还是……? / ……或者……。

   2. 名词+方位词+动词：
      （在）广场上有车站 / 在操场上踢球

   3. 从…（时间、地点）到…（时间、地点）

Sì jì gē

四季歌

SONG OF THE SEASONS

4

UNIT

第四单元

Objectives

Upon successful completion of unit 4, students will be able to: >>

★ use the appropriate nouns to describe the weather conditions accordingly;
★ use the following sentence patterns in a conversation or statement:
  1. use the correct pattern to describe similarity,
  2. correctly use the pattern to indicate the degree of emotion,
  3. use adverbials to indicate the repetition of natural phenomena,
  4. use the phrase "...的时候" to indicate the time when something happens;
★ learn 5 Chinese characters and phrases.

Lesson One
第一课

tiānqì
天气

Weather

4.1

Kèwén
课文
Text

Chant ①

Chūntiān tiānqì zěnmeyàng?
春天　天气 怎么样？

Chūntiān tiānqì nuǎnyángyáng.
春天　天气 暖洋洋。

Xiàtiān tiānqì zěnmeyàng?
夏天　天气 怎么样？

Xiàtiān tiānqì rèhōnghōng.
夏天　天气 热烘烘。

Qiūtiān tiānqì zěnmeyàng?
秋天　天气 怎么样？

Qiūtiān tiānqì liángshuǎngshuǎng.
秋天　天气 凉爽爽。

Dōngtiān tiānqì zěnmeyàng?
冬天　天气 怎么样？

Dōngtiān tiānqì lěngbīngbīng.
冬天　天气 冷冰冰。

4.1 Shēngcí
生词
New Words

bǐjiào	比较	(adv.)	relatively; comparatively
chūntiān	春天	(n.)	spring
dōngtiān	冬天	(n.)	winter
lěng	冷	(adj.)	cold
lěngbīngbīng	冷冰冰	(adj.)	cold as ice; ice-cold
liáng	凉	(adj.)	cool
liángshuǎngshuǎng	凉爽爽	(adj.)	cool and refreshing
nuǎn	暖	(adj.)	warm
nuǎnyángyáng	暖洋洋	(adj.)	warm and cozy
qiūtiān	秋天	(n.)	autumn
rè	热	(adj.)	hot
rèhōnghōng	热烘烘	(adj.)	hot all around
sìjì	四季		the four seasons
xiàtiān	夏天	(n.)	summer

4.1 Huìhuà
会话
Conversation

A: Jīntiān tiānqì bùcuò.
今天　天气　不错。

B: Shì de.　Míngtiān tiānqì zěnmeyàng?
是　的。明天　天气　怎么样？

A: Míngtiān tiānqì yě hěn hǎo, bù lěng yě bù rè.
明天　天气　也很　好，不冷也不热。

B: Xiànzài shì qiūtiān, hǎo tiānqì bǐjiào duō.
现在　是秋天，好　天气比较多。

4.1 语音练习
Pronunciation

tīng yīnyuè	dú xiǎoshuō
xué chàng gē	shuì wǔjiào
xiě Hànzì	shuō Hànyǔ
kàn bàozhǐ	zuò fēijī

xīn míng yǎn liàng	shān qīng shuǐ xiù
mǎ dào chéng gōng	hú jiǎ hǔ wēi
tiān cháng dì jiǔ	wǔ huā bā mén
wàn shuǐ qiān shān	huǒ shàng jiāo yóu
rén shān rén hǎi	yī xīn yī yì

Hànzì xuéxí

4.1 汉字学习
Learning Chinese Characters

fēng
风
大风, 风口

yǔ
雨
下雨, 雨天

Chant 1

How is the weather in spring? The weather is warm and cozy in spring.
How is the weather in summer? The weather is hot all around in summer.
How is the weather in autumn? The weather is cool and refreshing in autumn.
How is the weather in winter? The weather is cold as ice in winter.

Conversation

A: The weather is very good today.

B: Yes. How will it be tomorrow?

A: It will also be good tomorrow, neither cold nor hot.

B: It's autumn now, and there is more good weather.

Lesson Two
第二课

chūn xià qiū dōng
春夏秋冬

Spring, summer, autumn and winter

4.2 Kèwén
课文
Text

Chant ❷

Chūntiān	dào le	lǜyóuyóu.
春天	到了	绿油油。

Xiàtiān	dào le	hóngyànyàn.
夏天	到了	红艳艳。

Qiūtiān	dào le	jīncàncàn.
秋天	到了	金灿灿。

Dōngtiān	dào le	báimángmáng.
冬天	到了	白茫茫。

4.2 Shēngcí
生词
New Words

bái	白	*(adj.)*	white
báimángmáng	白茫茫	*(adj.)*	all covered in white (for snow or fog), making it difficult to see clearly
chùchù	处处	*(n.)*	everywhere
hóng	红	*(adj.)*	red
hóngyànyàn	红艳艳	*(adj.)*	bright red and shiny
jìjié	季节	*(n.)*	season
jīnsè	金色	*(adj.)*	golden
jīncàncàn	金灿灿	*(adj.)*	bright yellow and shiny

jué	觉	*(v.)*	to feel; to wake
lǜ	绿	*(adj.)*	green
lǜyóuyóu	绿油油	*(adj.)*	bright green and shiny (like newly opened leaves)
luò	落	*(v.)*	to fall; to drop
mián	眠	*(v.)*	to sleep
niǎo	鸟	*(n.)*	bird
què	却	*(adv.)*	however
shēng	声	*(n.)*	sound; voice
shōuhuò	收获	*(n.)*	harvest
tí	啼	*(v.)*	to caw or crow (by a bird)
tián	田	*(n.)*	field
wén	闻	*(v.)*	to hear
xiǎo	晓	*(v.)*	to dawn
yè	夜	*(n.)*	night
yīnwèi	因为	*(conj.)*	because
zhī	知	*(v.)*	to know; to realize

Huìhuà
会话
Conversation

4.2

A: Xiànzài shì chūntiān ma?
现在 是 春天 吗？

B: Shì de. Nǐ kàn, shān shang dōu shì lǜ de.
是 的。你 看，山 上 都 是 绿 的。

A: Wèishénme qiūtiān shì jīnsè de?
为什么 秋天 是 金色 的？

B: Yīngwèi qiūtiān shì shōuhuò de jìjié.
因为 秋天 是 收获 的 季节。

4.2 Tìhuàn liànxí
替换练习
Substitution

Chūntiān
春天

Xiàtiān
夏天

Qiūtiān
秋天

Dōngtiān
冬天

tiānqì zěnmeyàng?
天气 怎么样？

Chūntiān nuǎnyángyáng.
春天　暖洋洋。

Xiàtiān rèhōnghōng.
夏天　热烘烘。

Qiūtiān liángshuǎngshuǎng.
秋天　凉爽爽。

Dōngtiān lěngbīngbīng.
冬天　冷冰冰。

4.2 Dú yī dú , shuō yī shuō
读一读、说一说
Read and Talk

Read and answer the questions:

Xiǎomíng xǐhuan chūntiān, yīnwèi chūntiān dào le, tián li yī piàn
小明　喜欢　春天，　因为春天　到了，田里一片

lǜyóuyóu, tiānqì nuǎnyángyáng.　Dàwèi xǐhuan xiàtiān, yīnwèi xiàtiān
绿油油，天气　暖洋洋。　　大卫 喜欢　夏天，因为　夏天

dào le, tián li　yī piàn hóngyànyàn,　tiānqì rèhōnghōng. Zhēnní xǐhuan
到了，田里一片　红艳艳，　天气 热烘烘。　珍妮 喜欢

qiūtiān, yīnwèi qiūtiān dào le, tián li yī piàn jīncàncàn, tiānqì
秋天，　因为　秋天 到 了，田里一片　金灿灿，　天气

liángshuǎngshuǎng. Wǒ xǐhuan dōngtiān, yīnwèi dōngtiān dào le,
凉爽爽。　　我喜欢　冬天，　因为　冬天　到了，

tián li yī piàn báimángmáng, tiānqì lěngbīngbīng,
田里一片　白茫茫，　天气　冷冰冰，

kěshì jiā li què nuǎnhōnghōng.
可是 家里 却　暖烘烘。

Questions:

Q1. Xiǎomíng xǐhuan nǎge jìjié? Wèishénme?
小明　喜欢　哪个　季节？为什么？

Q2. Dàwèi xǐhuan nǎge jìjié? Wèishénme?
大卫　喜欢　哪个　季节？为什么？

Q3. Zhēnní xǐhuan nǎge jìjié? Wèishénme?
珍妮　喜欢　哪个　季节？为什么？

Q4. Yǒu rén xǐhuan dōngtiān ma?
有人　喜欢　冬天　吗？

Shuí xǐhuan dōngtiān? Wèishénme?
谁　喜欢　冬天？　为什么？

Answer:

A1:
_____

A2:
_____

A3:
_____

A4:
_____

_____

Gǔshī
古 诗
An Ancient Poem

4.2

Chūn mián bù jué xiǎo, chùchù wén tí niǎo.
春　眠　不觉晓，处处　闻　啼鸟。

Yè lái fēng yǔ shēng, huā luò zhī duōshǎo?
夜来风雨声，花落知多少？

Hànzì xuéxí
汉字学习
Learning Chinese Characters

4.2

shān
山
山羊,山头

tián
田
下田,多少田

Yīngwén fānyì
英文翻译
English Version

Chant 2

It's bright green and shiny when spring comes.
It's bright red and shiny when summer comes.
It's bright yellow and shiny when autumn comes.
It's snowy white when winter comes.

Conversation

A: Is it spring now?

B: Yes, it is. Look, you can see the mountain is all green.

A: Why it is golden in autumn?

B: Because autumn is harvest time.

An Ancient Poem

On a spring morning in bed I lie.
Not awake till I hear birds cry.
After a night of wind and showers.
How many are the fallen flowers?

Lesson Three
第三课

Xià yǔ hái shi xià xuě?
下雨还是下雪? **Is it raining or snowing?**

4.3 **Kèwén**
课文
Text

Chant ❸

Chūntiān yǔ miánmián.
春天　雨　绵绵。

Xiàtiān　yǔ huāhuā.
夏天　雨　哗哗。

Qiū yǔ　xīlìlì　de xià.
秋雨　淅沥沥　地　下。

Dōngtiān piāo xuěhuā.
冬天　飘　雪花。

4.3 **Shēngcí**
生词
New Words

běifāng	北方	(n.)	north
cháng	常	(adv.)	often
chángcháng	常常	(adv.)	often
chéngshì	城市	(n.)	city
cóng bù	从不		never
huāhuā	哗哗	(ono.)	sound of rapidly-running water or a heavy rain
jīngcháng	经常	(adv.)	often
jiù shì shuō	就是说		it means that...

miánmián	绵绵	*(adj.)*	continuous
nánfāng	南方	*(n.)*	south
piāo	飘	*(v.)*	to float or drift in the air
tài	太	*(adv.)*	too
xīlìlì	淅沥沥	*(ono.)*	sound of rain falling on leaves
xià xuě	下雪		to snow
xià yǔ	下雨		to rain
xiàng…yīyàng	像…一样		to be like; to look like
xuěhuā	雪花	*(n.)*	snowflake
yǔ	雨	*(n.)*	rain
zǒngshì	总是	*(adv.)*	always

● **专有名词** Proper Names

| Kūnmíng | 昆明 | the capital of Yunnan Province |
| Yúnnán | 云南 | a province in southwest China |

Huìhuà
4.3 会话
Conversation

A: Zuótiān xià yǔ, jīntiān yòu xià yǔ.
昨天 下雨, 今天 又下雨。

B: Shì a. Míngtiān hái yào xià yǔ. Bùguò yǔ bù dà.
是啊。明天 还要下雨。不过 雨不大。

A: Xiànzài shì chūntiān, Zhōngguó yǒu yī jù huà jiào "Chūntiān yǔ miánmián".
现在 是春天, 中国 有一句话叫"春天 雨绵绵"。

B: Shénme yìsi?
什么 意思?

A: Jiù shì chūntiān de shíhou, jīngcháng huì xià xiǎo yǔ.
就 是春天 的时候, 经常 会下小雨。

B: Xiàtiān zěnmeyàng?
夏天 怎么样?

A: Xiàtiān huòzhě bù xià yǔ, huòzhě xià dà yǔ.
夏天　或者　不 下 雨，或者　下　大 雨。

B: Qiūtiān ne?
秋天　呢？

A: Qiūtiān bù cháng xià yǔ, tiānqì bǐjiào hǎo.
秋天 不　常 下 雨，天气 比较 好。

B: Dōngtiān de yǔ duō bu duō?
冬天　的 雨 多 不 多？

A: Dōngtiān, nánfāng yǒu yǔ, dàn bù tài duō, běifāng xià xuě.
冬天，　南方 有 雨，但 不 太 多，北方　下 雪。

B: Tīngshuō Yúnnán de tiānqì bǐjiào rè, shì ma?
听说　云南 的 天气 比较 热，是 吗？

A: Bù tài rè. Suǒyǐ, Kūnmíng yòu jiào "Chūnchéng".
不太 热。所以，昆明　又 叫 "春城"。

B: "Chūnchéng" shì shénme   yìsi?
"春城"　是 什么　意思？

A: Jiù shì shuō: zhè ge chéngshì yī nián sì jì dōu xiàng chūntiān yíyàng.
就 是 说：这 个 城市　一 年 四 季 都　像　春天　一样。

4.3
Wánchéng jùzǐ
完成句子
Complete the Sentences

Make sentences with "从不（cóng bù）"."很少（hěn shǎo）"."常常（chángcháng）"
or "总是（zǒngshì）" and "……的时候"：

例
Dàwèi chī fàn de shíhou cóng bù   kàn diànshì.
大卫 吃 饭 的 时候　<u>从 不</u>　看 电视。

Dàwèi chī fàn de shíhou hěn shǎo   kàn diànshì.
大卫 吃 饭 的 时候　<u>很 少</u>　看 电视。

Dàwèi chī fàn de shíhou chángcháng kàn diànshì.
大卫 吃 饭 的 时候　<u>常常</u>　看 电视。

Dàwèi chī fàn de shíhou   zǒngshì   kàn diànshì.
大卫 吃 饭 的 时候　<u>总是</u>　看 电视。

Hànzì xuéxí
汉字学习
Learning Chinese Characters

4.3

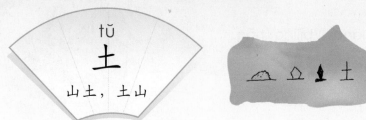

tǔ

土

山土，土山

Yīngwén fānyì
英文翻译
English Version

4.3

Chant 3

In spring the rain is a continuous drizzle.
In summer the rain is heavy and sounds like rapidly-running water .
In autumn the rain comes down on fallen leaves.
In winter the snowflakes float down.

Conversation

A: It rained yesterday. Today it's raining again.

B: Yes! Tomorrow it will also rain. But the rain will not be heavy.

A: It's spring now. There is a saying in China that goes, "It drizzles in spring."

B: What does it mean?

A: It means during the spring, there is often a light rain.

B: What about summer?

A: In summer, either it doesn't rain at all or it rains heavily.

B: And autumn?

A: It seldom rains in autumn. The weather is comparatively fine.

B: Does it rain much in winter?

A: In winter, it rains in the south, but not much. It snows in the north.

B: I heard the weather is hot in Yunnan, is that right?

A: It is not too hot. So, Kunming is called "Spring City".

B: What does "Spring City" mean?

A: It means that it is like spring in this city the whole year.

Lesson Four
第四课

tiānqì yùbào
天气预报

Weather forecast

4.4

Huìhuà
会话
Conversation

A: Jīntiān rè sǐ le.
今天 热死了。

B: Shì de, xiàng xiàtiān yīyàng rè.
是的，像 夏天 一样 热。

A: Nǐ tīngle jīntiān de tiānqì yùbào ma?
你 听了 今天 的 天气 预报 吗？

B: Méiyǒu. Tiānqì yùbào zěnme shuō?
没有。天气 预报 怎么 说？

A: Tiānqì yùbào shuō jīntiān sānshí dù.
天气 预报 说 今天 30 度。

B: Nánfāng zhème rè, běifāng bù huì zhème rè ba?
南方 这么 热，北方 不会 这么 热 吧？

A: Tiān rè de shíhou, běifāng hé nánfāng yīyàng rè.
天 热 的 时候，北方 和 南方 一样 热。

B: Tiān lěng de shíhou ne?
天 冷 的 时候 呢？

A: Tiān lěng de shíhou, běifāng zǒngshì bǐ nánfāng lěng hěn duō.
天 冷 的 时候，北方 总是 比 南方 冷 很多。

B: Chūntiān zěnmeyàng?
春天 怎么样？

A: Chūntiān de shíhou, běifāng chángcháng bǐ nánfāng lěng yīdiǎnr.
春天 的 时候，北方 常常 比 南方 冷 一点儿。

B: Qiūtiān tiānqì zěnmeyàng?
秋天 天气 怎么样？

A: Qiūtiān zuì hǎo le, nánfāng、běifāng chàbuduō.
秋天 最 好 了，南方、北方 差不多。

B: Wǒ zuì xǐhuan qiūtiān.
我 最 喜欢 秋天。

4.4 | Shēngcí 生词 New Words

chàbuduō	差不多	(adj.)	about the same; similar
dù	度	(n.)	degree
guojia	国家	(n.)	country
língxià	零下	(n.)	below zero
nuǎnhuo	暖和	(adj.)	warm
pò kāi	破开		to break; to cut up
rè sǐ le	热死了		very hot
tián	甜	(adj.)	sweet
yùbào	预报	(v./n.)	to forecast; forecast

4.4 | Wánchéng duìhuà 完成对话 Complete the Dialogues

例

A: Míngtiān tiānqì zěnmeyàng?
明天 天气 怎么样?

B: Míngtiān tiānqì hén nuǎnhuo.
明天 天气 很 暖和。

1 A: Chūntiān jīngcháng xià yǔ ma?
春天 经常 下 雨 吗?

B: _____

2 A: Jīntiān nǐ tīngle tiānqì yùbào ma?
今天 你 听了 天气 预报 吗?

B: _____

3 A: Tiānqì yùbào zěnme shuō?
天气 预报 怎么 说?

B: _____

4 A: _____

B: Qiūtiān bù cháng xià yǔ.
秋天 不 常 下 雨。

5 A: _____

B: Tiānqì yùbào shuō jīntiān sānshí
天气 预报 说 今天 30

dù.
度。

6 A: Nǐmen guójiā de tiānqì zěnmeyàng?
你们 国家 的 天气 怎么样?

B:

_____

Dú yī dú, shuō yī shuō
读一读、说一说
Read and Talk

4.4

Shànghǎi zài Zhōngguó de nánfāng, yī nián sì jì dōu yǒu yǔ.
上海 在中国 的 南方, 一年 四季 都有 雨。

Chūntiān bǐjiào nuǎnhuo, zǒngshì xià xiǎo yǔ; xiàtiān hěn rè, zuì rè
春天 比较 暖和, 总是 下小 雨; 夏天 很热, 最热

de shíhou yǒu sānshíbā dù, chángcháng xià dà yǔ; qiūtiān yǒushíhou
的 时候 有 38 度, 常常 下大雨; 秋天 有时候

xià yǔ, bù tài duō; dōngtiān yě yào xià yǔ, hěn shǎo xià xuě, zuì lěng
下雨, 不太 多; 冬天 也要 下雨, 很 少 下雪, 最冷

de shíhou chàbuduō língxià sì dù.
的 时候 差不多 零下 4 度。

Míyǔ
谜语
Guessing the Riddle

4.4

Kànkan shì lǜ de, pò kāi shì hóng de;
看看 是绿 的, 破开 是红 的;

chī dào zuǐ li shì tián de, tǔ chūlai shì hēi de.
吃到 嘴里 是甜 的, 吐出来 是黑 的。

( )

Wénhuà xiǎo chángshí
文化小常识
Culture Study

1.3 billion Chinese 十亿中国人

yì
十　亿
billion

China is one of the largest countries in the world. Its 1.3 billion people accounts for one-fourth of the world's population. The Yangtze river forms a natural boundary between China's north and south. The varieties in the housing, food, fashion, and dialects make China rich in diversity.

Chinese food is well known for its wide varieous tastes and textures. The food selection and different styles of eating are reflected in the local specialties which, in turn, are affected by weather, geographic region, availability of ingredients, and the local traditions of ethnic nationalities. For the Han nationality (roughly 90% of the population), there are four major styles of food:

- Lu style (Beijing Duck, Mongolian Hotpot, Shangdong Cuisine)
- Yue style (Cantonese and Chaozhou Cuisine)
- Huai Yang style (Shanghai and eastern Cuisine)
- Chuan style (Sichuan Hotpot and Hunan)

Pastry is the basis for most breakfast food in China. In northern China, people also eat flour-based food for lunch and dinner. The variety of pastry making differs between Northern and Southern areas of China. For example, Jiaozi (northern) and Wontons (southern) are made from the same type of pasta, but the preparation and the method of eating differ.

Yīngwén fānyì
英文翻译
English Version

Conversation

A: It's very (extremely) hot today.

B: Yes, it's hot like summer.

A: Have you listened to the weather forecast today?

B: No. What did the weather forecast say?

A: The weather forecast said it will be 30℃ today.

B: It's too hot in south. It is not so hot in north, I think.

A: In summer, it is almost as hot in the north as in the south.

B: How is it in winter?

A: In winter, it is always much colder in the north than in the south.

B: How is it in spring?

A: In spring, it is usually a little colder in the north than in the south.

B: How is the weather in autumn?

A: It's the best in autumn. It is almost the same in the north and the south.

B: I like autumn best.

Lesson Five
第五课

4.5

Xiǎo xiàngsheng
小 相 声
Chinese Crosstalk

A: Yī nián zhōng, nǐ zuì xǐhuan nǎge jìjié?
一年 中, 你最喜欢 哪个 季节?

B: Wǒ zuì xǐhuan dōngtiān, dōngtiān kěyǐ huá xuě.
我 最喜欢 冬天, 冬天 可以滑 雪。

A: Tīngshuō xǐhuan dōngtiān de rén zuì lǎn.
听说 喜欢 冬天 的人最懒。

B: Wèishénme xǐhuan dōngtiān de rén zuì lǎn ne?
为什么 喜欢 冬天 的人 最懒呢?

A: Yīnwèi xǐhuan dōngtiān de rén zuì ài shuì jiào.
因为喜欢 冬天 的人最爱睡 觉。

B: Nǐ zěnme zhīdào?
你 怎么 知道?

A: Nǐ bù zhīdào gǒuxióng zhěngge dōngtiān dōu yào shuì jiào ma?
你 不知道 狗熊 整个 冬天 都要 睡 觉吗?

B: Nǐ xǐhuan nǎge jìjié ne?
你喜欢 哪个 季节 呢?

A: Wǒ xǐhuan chūntiān, "yī nián zhī jì zàiyú chūn".
我喜欢 春天, "一年 之计 在于 春"。

B: Zhè shì shénme yìsi?
这 是 什么 意思?

A: Yìsi shì: yī nián zhōng zuì zhòngyào de shì chūntiān.
意思 是: 一年 中 最重要 的是春天。

B: Wǒ tīngshuō xǐhuan chūntiān de rén zuì lǎn.
我 听说 喜欢 春天 的人最懒。

A: Wèishénme xǐhuan chūntiān de rén zuì lǎn ne?
为什么 喜欢 春天 的人最懒呢?

B: Nǐ bù zhīdào "chūn mián bù jué xiǎo" ma?
你不知道 "春 眠 不 觉晓" 吗?

A: "Chūn mián bù jué xiǎo" shì shénme yìsi?
　　"春 眠 不 觉 晓" 是 什么 意思?

B: Jiù shì shuō, chūntiān shuì jiào zǒngshì shuì bu xǐng.
　　就是 说, 春天 睡 觉 总是 睡 不 醒。

Shēngcí
生 词
New Words

gānjìng	干净	(adj.)	clean
gǒuxióng	狗熊	(n.)	bear
huá xuě	滑雪		to ski
jì	计	(n.)	plan
lǎn	懒	(adj.)	lazy
xǐng	醒	(v.)	to wake up
zàiyú	在于	(v.)	to lie in; to consist in
zhěngge	整个	(adj.)	whole; entire
zhi	之	(Part.)	(often used in Chinese acient literature)

Yǔyán yàodiǎn
语言要点
Language Function

When you want to ask for opinions, you say:

……怎么样?

例: Qù huá xuě zénmeyàng?
　　去 滑 雪 怎么样?

4.5

Kàn tú shuō huà
看图说话
Say something about the pictures

Write at least 2 sentences to describe each seasons.
(May connect this to some festivities)

_____

_____

_____

_____

_____

_____

_____

_____

_____

_____

_____

_____

Míyǔ
谜语
Guessing the Riddle

4.5

Bù xǐ hěn gānjìng, xǐxi bù gānjìng.
不 洗 很 干净, 洗洗 不 干净。

Bù xǐ yǒu rén chī, xǐxi méi rén chī.
不 洗 有 人 吃, 洗洗 没 人 吃。

(   )

Hànzì xuéxí
汉字学习
4.5
Learning Chinese Characters

风雨　上山　下田　风车　土气

天气好了　马车在山上走　你在风雨中走

Zǔ cí chéng jù
组词成句
4.5
Complete the Sentences

1. jīngcháng de xiǎo yǔ chūntiān xià huì shíhou
   经常　　的　小雨　春天　　下　会　时候

   _____

2. bǐjiào de tiānqì rè nánfāng
   比较　的　天气　热　南方

   _____

3. nánfāng lěng bǐ duō zǒngshì běifāng hěn
   南方　冷　比　多　总是　北方　很

   _____

4. chūntiān nǐ háishi qiūtiān xǐhuan
   春天　你　还是　秋天　喜欢

   _____

4.5

Yīngwén fānyì
英文翻译
English Version

Chinese Crosstalk

A: Which season (of the year) do you like best?

B: I like winter best. In winter, I can ski.

A: I heard that the person who likes winter is the laziest.

B: Why is the person who likes winter the laziest?

A: Because the person who likes winter likes sleeping.

B: How do you know that?

A: Don't you know that bears sleep the whole winter?

B: Which season do you like best?

A: I like spring. "Spring is the time for planning the year ahead."

B: What does that mean?

A: It means spring is the most important season (for farming) in a year.

B: I heard that the person who likes spring is the laziest.

A: Why is the person who likes spring the laziest?

B: Don't you know "On a spring morning in bed I lie"?

A: What does that mean?

B: It means in spring it's hard to wake up from a sound sleep.

4.5

Jiàoxué zhòngdiǎn
教学重点

● 一、词汇

1. 气候名词：
   季节、天气、春天、夏天、
   秋天、冬天、冷、热、凉、
   暖、风、下雨、下雪

2. 认读5个生字和所有词汇

● 二、句型

1. 像（和）+名词+一样：
   像（和）南方一样

2. 比+名词+形容词：比

3. 形容词（或表示心里活动的动词）+死了：
   饿（累、冷、高兴）死了

4. 副词（也、又、还、都）+动词：
   前天下雨，昨天也下雨，今天又下雨，
   明天还（要）下雨，天天都下雨。

3. ……的时候：
   春天的时候　下雨的时候　我来的时候

Xǐhuan Chī Shénme

喜欢吃什么

WHAT DO YOU LIKE TO EAT

5

UNIT

第五单元

Objectives

Upon successful completion of unit 5, students will be able to: >>

★ use the appropriate nouns to indicate food items accordingly;

★ use the correct pattern to describe what one likes/wants to do;

★ learn 4 Chinese character and phrases.

Lesson One
第一课

Nǐmen chī shénme?
你们吃什么?

What would you like to eat?

Kèwén
课文
Text

5.1

Chant ❶

Wǒmen chī fàn,　nǐ　chī dàn.
我们 吃饭, 你 吃蛋。

Nǐmen chī cài,　tā　hē tāng.
你们 吃菜, 他 喝汤。

Tāmen chī jī,　wǒ　chī yā.
他们 吃鸡, 我 吃鸭。

Wǒmen chī ròu,　nǐ　chī yú.
我们 吃肉, 你 吃鱼。

Bāozi、　　jiǎozi,　dàjiā chī.
包子、 饺子, 大家 吃。

Miànbāo、　miàntiáo, dàjiā chī.
面包、 面条, 大家 吃。

Niúnǎi、　kāfēi,　dàjiā hē.
牛奶、 咖啡, 大家 喝。

Guǒzhī、　kělè,　dàjiā hē.
果汁、 可乐, 大家 喝。

5.1

Shēngcí
生 词
New Words

bāozi	包子	(n.)	steamed stuffed bun
cài	菜	(n.)	dish; vegetable; green food
dàn	蛋	(n.)	egg
dēnglong	灯笼	(n.)	lantern
guǒzhī	果汁	(n.)	fruit juice
miànbāo	面包	(n.)	bread
miàntiáo	面条	(n.)	noodle
niúnǎi	牛奶	(n.)	milk
ròu	肉	(n.)	meat
tāng	汤	(n.)	soup
yā	鸭	(n.)	duck
yú	鱼	(n.)	fish

5.1

Huìhuà
会 话
Conversation

A: Nǐ chī shénme?
你 吃 什么？

B: Wǒ chī fàn. Nǐ ne?
我 吃 饭。你 呢？

C: Wǒ chī miàn. Chī shénme cài?
我 吃 面。吃 什么 菜？

B.: Wǒ yào yú.
我 要 鱼。

C: Wǒ yào jī. Nǐ yào tāng ma?
我 要 鸡。你 要 汤 吗？

B.: Wǒ bù hē tāng, wǒ hē kělè.
我 不 喝 汤，我 喝 可乐。

5.1 Yǔyīn liànxí 语音练习 Pronunciation

zhuōzi	yīfu	zuǐba	duōme
yǐzi	dàifu	wěiba	nàme
bízi	bāofu	xiàba	zěnme
dùzi	zhàngfu	jiēba	yàome

zì xiāng máodùn	bù kě sī yì
sān xīn èr yì	bù dòng shēng sè
sān yán liǎng yǔ	ài bù shì shǒu
quán xīn quán yì	zhàn wú bù shèng

5.1 Míyǔ 谜语 Guessing the Riddle

Hóng dēnglong, lǜ dēnglong;
红   灯笼,   绿 灯笼;

yǒu rén pà, yǒu rén ài.
有   人   怕,   有   人   爱。

(   )

5.1 Hànzì xuéxí 汉字学习 Learning Chinese Characters

shuǐ
水
雨水, 山水

huǒ
火
火山, 火气

Yīngwén fānyì

英文翻译

English Version

Chant 1

We eat rice, you eat eggs.

You eat vegetables, they drink soup.

They eat chicken, I eat duck.

We eat pork, you eat fish.

Steamed stuffed bun and dumplings, everyone eats.

Bread and noodles, everyone eats.

Milk and coffee, everyone drinks.

Fruit juice and cola, everyone drinks.

Conversation

A: What would you like to eat?

B: I'd like rice. And you?

C: I'd like noodles. what else would you like?

B: I would like some fish.

C: I'll have chicken. Do you want soup?

B: I don't care for soup. I'd like a cola.

Lesson Two
第二课

Gěi nín càidān.
给您菜单。

Here is the menu.

5.2

Kèwén
课文
Text

Chant ❷

Huānyíng guānglín! 欢迎 光临!	Chī bǎo le, qǐng fù qián. 吃饱了，请付钱。
Qǐng zuò! Qǐng zuò! 请坐！请坐！	Màn zǒu, màn zǒu, qǐng zài lái! 慢走，慢走，请再来！

Gěi nín càidān qǐng diǎn cài.
给您菜单 请点菜。

Hē shénme? Hē píjiǔ.
喝什么？喝啤酒。

Chī shénme? Chī kǎoyā.
吃什么？吃烤鸭。

Chǎo jīdàn, yào bu yào?
炒鸡蛋，要不要？

Chǎo jīdàn, lái yī ge.
炒鸡蛋，来一个。

Chǎo qīngcài, yào bu yào?
炒青菜，要不要？

Chǎo qīngcài, lái yī ge.
炒青菜，来一个。

5.2

Shēngcí
生词
New Words

bāo	包	(v.)	to wrap
bàozhǐ	报纸	(n.)	newspaper
biéde	别的	(adj.)	other
càidān	菜单	(n.)	menu
chǎo	炒	(v.)	to stir-fry
diǎn cài	点菜		to order dishes
fúwùyuán	服务员	(n.)	waiter/waitress; attendant
fù qián	付钱		to pay money
guānglín	光临	(v.)	to be present (of a guest)
jīdàn	鸡蛋	(n.)	(hen's) egg
kǎoyā	烤鸭	(n.)	roasted duck
màn	慢	(adj.)	slow
mǐfàn	米饭	(n.)	cooked rice
píjiǔ	啤酒	(n.)	beer
qīngcài	青菜	(n.)	a kind of green vegetable
tàitai	太太	(n.)	Mrs; wife

5.2

Huìhuà
会话
Conversation

fúwùyuán : Huānyíng guānglín! Qǐng zuò.
服务员 ：欢迎 光临！ 请 坐。

Wáng tàitai : Yǒu càidān ma?
王太太 ：有 菜单 吗？

fúwùyuán : Zhè shì càidān, qǐng diǎn cài.
服务员 ：这 是 菜单， 请 点 菜。

Wáng tàitai : Wǒ yào yī ge chǎo jīdàn, yī ge kǎoyā.
王太太 ：我 要 一 个 炒 鸡蛋，一 个 烤鸭。

fúwùyuán : Nín yào mǐfàn ma?
服务员 ：您 要 米饭 吗？

Wáng tàitai	Yào, zài yào yī ge tāng.
王太太	要，再要 一个 汤。
fúwùyuán	Hái yào biéde ma?
服务员	还要 别的 吗？
Wáng tàitai	Bù yào le, xièxie!
王太太	不要 了，谢谢！

5.2 Tìhuàn liànxí
替换练习
Substitution

Xiǎomíng xǐhuan chī 小明 喜欢 吃	fàn hé cài 饭 和 菜	bāozi 包子
	jī hé yā 鸡 和 鸭	jiǎozi 饺子
	yú hé ròu 鱼 和 肉	miàntiáo 面条

Dàwèi xǐhuan hē 大卫 喜欢 喝	niúnǎi 牛奶
	kāfēi 咖啡
	guǒzhī 果汁
	kělè 可乐
	chá 茶

绕口令
A Tongue Twister

Bàozhǐ shì bàozhǐ, bāozi shì bāozi.
报纸 是 报纸， 包子 是 包子。

Bàozhǐ bù shì bāozi, bāozi bù shì bàozhǐ.
报纸 不 是 包子，包子 不是 报纸。

Bàozhǐ néng bāo bāozi, bāozi bù néng bāo bàozhǐ.
报纸 能 包 包子，包子 不 能 包 报纸。

Hànzì xuéxí
汉字学习
Learning Chinese Characters

diàn
电
电子, 手电

guāng
光
光头, 火光

Yīngwén fānyì
英文翻译
English Version

Chant 2

Welcome, please sit down.
Here is the menu, please order. (what would you like?)
What would you like to drink? Beer.
What would you like to eat? Roast duck.
Would you like fried eggs?
Fried eggs? Sure, I'll have one, please.
Would you like some green vegetables?
Yes, I'll have one, please.
It's enough (to eat). Here is your bill.
Take care, please come next time.

Conversation

Waitress : Welcome! Please have a seat.

Mrs. Wang: Do you have a menu?

Waitress : Here's the menu. Please order
(Would you like to order?).

Mrs. Wang: I want fried eggs and roasted duck.

Waitress : Do you want rice?

Mrs. Wang: Yes, and I also would like some soup.

Waitress : Anything else?

Mrs. Wang: No (,that's all). Thanks.

A Tongue Twister

A newspaper is a newspaper; a steamed stuffed bun is a steamed stuffed bun.
A newspaper is not a steamed stuffed bun; a steamed stuffed bun is not a newspaper.
A newspaper can be used to wrap a steamed stuffed bun, but a steamed stuffed bun
cannot be used to wrap a newspaper.

Lesson Three
第三课

wǒ xǐhuan là de
我喜欢辣的

I like spicy food

5.3

Huìhuà
会话
Conversation

fúwùyuán	: Huānyíng guānglín! Qǐng zhèlǐ zuò.	
服务员	: 欢迎 光临! 请 这里 坐。	

Zhāng tàitai	: Wǒmen yígòng liǎng ge rén.
张太太	: 我们 一共 两 个 人。

fúwùyuán	: Qǐngwèn, nín hē shénme chá?
服务员	: 请问, 您 喝 什么 茶?

Zhāng xiānsheng	: Lóngjǐn chá.
张先生	: 龙井 茶。

fúwùyuán	: Hǎo de. Qǐng děng yíhuìr. Zhè shì càidān.
服务员	: 好的。请 等 一会儿。这 是 菜单。

Zhāng xiānsheng	: Nǐmen zhè ge fàndiàn shì Sìchuāncài háishi Guǎngdōngcái?
张先生	: 你们 这个 饭店 是 四川菜 还是 广东菜?

fúwùyuán	: Wǒmen zhèlǐ shì Sìchuāncài. Quán shì là de.
服务员	: 我们 这里 是 四川菜。 全 是 辣 的。

Zhāng tàitai	: Hěn hǎo! Wǒ xǐhuan là de.
张太太	: 很 好! 我 喜欢 辣 的。

---

fúwùyuán	: Nín xiǎng chī shénme?
服务员	: 您 想 吃 什么?

Tāngmǔ	: Lái yì tiáo yú、 yí ge jī、 yí ge Mápó dòufu.
汤姆	: 来 一条 鱼、一个 鸡、一个 麻婆 豆腐。

fúwùyuán	: Wàiguórén dōu xǐhuan Gōngbǎo jīdīng, yào bu yào lái yí ge?
服务员	: 外国人 都 喜欢 宫保 鸡丁,要 不 要 来 一 个?

Jiékè	: Hǎo de. Tīngshuō zhège cài wèidao búcuò.
杰克	: 好 的。 听说 这个 菜 味道 不错。

fúwùyuán	: Yào shénme tāng?
服务员	: 要 什么 汤?

Zhēnní	: Yào yì wǎn suānlàtāng.
珍妮	: 要 一 碗 酸辣汤。

fúwùyuán	: Xiǎng hē shénme yǐnliào?
服务员	: 想 喝 什么 饮料?

Dàwèi : Liǎng píng píjiǔ、 sān píng kělè.
大卫 : 两 瓶 啤酒、三 瓶 可乐。

fúwùyuán : Hái yào shénme?
服务员 : 还 要 什么？

sì rén yìqǐ : Gòu le. Chàbuduō le.
四人一起 : 够 了。差不多 了。

5.3 Shēngcí
生 词
New Words

dòufu	豆腐	(n.)	tofu (bean curd)
hǎo	好	(adv.)	very
kāixīn	开心	(a.)	happy
là	辣	(a.)	hot; peppery; spicy
lǜchá	绿茶	(n.)	green tea
píng	瓶	(n.)	bottle
quán	全	(adv.)	whole; all
suān	酸	(adj.)	sour; acid
suānlàtāng	酸辣汤	(n.)	vinegar-pepper soup
wàiguó	外国	(n.)	foreign country
wàiguórén	外国人	(n.)	foreigner
wéi	围	(v.)	to surround
xiānsheng	先生	(n.)	Mr.; sir
yǐnliào	饮料	(n.)	drink; soft drinks
zhèlǐ	这里	(n.)	here
zhuōzi	桌子	(n.)	table

● **专有名词** Proper Names

Gōngbǎo jīdīng	宫保鸡丁	a kind of dishes made with chicken and peanuts
Guǎngdōng	广东	a province in south China
Lóngjǐng chá	龙井茶	*Longjing* green tea

| Mápó dòufu | 麻婆豆腐 | a province in south China |
| Sìchuān | 四川 | a province in southwest China |

5.3 Wánchéng duìhuà
完成对话
Complete the Dialogues

例 A: Nín hē shénme chá?
　　您 喝 什么 茶?

B: Wǒ hē lǜchá.
　 我 喝 绿茶。

1 A: Nín xiǎng chī shénme?
　　您 想 吃 什么?

B: _____

2 A: Hái yào shénme?
　　还 要 什么?

B: _____

3 A: Xiǎng hē shénme yǐnliào?
　　想 喝 什么 饮料?

B: _____

4 A: Nǐ xǐhuan chī shūcài ma?
　　你喜欢 吃蔬菜 吗?

B: _____

5 A: _____

B: Wǒ yào yī wǎn suānlàtāng.
　 我 要 一碗 酸辣汤。

6 A: _____

B: Wǒ xǐhuan là de.
　 我 喜欢 辣的。

7 A: _____

B: Wǒ yào yī bēi kāfēi.
　 我 要 一杯 咖啡。

8 A: Nǐ ài chī ròu háishi yú?
　　你 爱 吃 肉 还是 鱼?

B: _____

5.3

Dú yī dú , shuō yī shuō
读一读、说一说
Read and Talk

Xiǎomíng yī jiā wǔ kǒu wéizhe zhuōzi chī wǎnfàn. Xiǎomíng xǐhuan chī
小明 一家五口 围着 桌子 吃 晚饭。 小明 喜欢 吃

yú hé ròu, Bàba xǐhuan chī jī hé yā, māma xǐhuan chī bāozi hé jiǎozi,
鱼和肉，爸爸喜欢 吃鸡和鸭，妈妈 喜欢 吃包子 和 饺子，

nǎinai xǐhuan chī miànbāo hé miàntiáo, yéye xǐhuan chī cài、hē tāng. Yī jiā
奶奶 喜欢 吃面包 和面条， 爷爷喜欢 吃菜、喝汤。一家

rén chī de hǎo kāixìn.
人 吃得好 开心。

Questions:

Q1: Xiǎomíng yī jiā yǒu jǐ kǒu rén?
小明 一家有几口 人？

Q2: Tāmen wéizhe zhuōzi zuò shénme?
他们 围着 桌子 做 什么？

Q3: Xiǎomíng xǐhuan chī shénme?
小明 喜欢 吃 什么？

Q4: Bàba xǐhuan chī shénme?
爸爸喜欢 吃 什么？

Q5: Māma xǐhuan chī shénme?
妈妈 喜欢 吃什么？

Q6: Yéye hé nǎinai xǐhuan chī shénme?
爷爷 和 奶奶 喜欢 吃 什么？

Answers:

A1:
_____

A2:
_____

A3:
_____

A4:
_____

A5:
_____

A6:
_____

Tìhuàn liànxí
替换练习
Substitution

Xiǎohuā xǐhuan zuò fàn, tā huì	chǎo 炒	jīdàn. 鸡蛋。
小花 喜欢 做 饭， 她 会		qīngcài. 青菜。
	zuò 做	jiǎozi. 饺子。
		miàntiáo. 面条。

Yīngwén fānyì
英文翻译
English Version

Conversation

Waitress : Welcome! This way, please.

Mrs. Zhang: There are two of us.

Waitress : Excuse me, what kind of tea would you like?

Mr. Zhang : Longjing green tea .

Waitress : OK. Just a moment, please. Here is the menu.

Mr. Zhang : Is this restaurant Sichuan or Cantonese food?

Waitress : This is a Sichuan restaurant. Everything is spicy.

Mrs. Zhang: Good! I like spicy food.

......

Waitress : What would you like to order?

Tom : Let's have a fish dish, a chicken dish and a spicy tofu (beancurd) dish.

Waitress : Foreigners all like the stir-fried diced chicken with chilli and peanuts. Would you like one?

Jack : OK. I heard it is delicious.

Waitress : What kind of soup would you like?

Jane : I want the hot and sour soup.

Waitress : What kind of soft drinks would you like?

David : Two bottles of beer, three bottles of cola.

Waitress : Would you like anything else?

all : No, it's enough.

Lesson Four 第四课

Zhōngcān háishi xīcān?
中餐还是西餐? Chinese food or western food?

Huìhuà
会话
Conversation

5.4

A: Nǐ xǐhuan chī zhōngcān háishi xīcān?
你喜欢 吃中餐 还是 西餐?

B: Wǒ dōu xǐhuan. Nǐ ne?
我 都 喜欢。你 呢?

A: Wǒ yě dōu xǐhuan.
我 也 都 喜欢。

B: Nǐ xǐhuan chī shūcài ma?
你喜欢 吃 蔬菜 吗?

A: Wǒ bù tài xǐhuan. Nǐ ne?
我 不 太 喜欢。你 呢?

B: Wǒ yě shì. Bùguò, wǒ hěn xǐhuan chī shuǐguǒ.
我 也 是。不过,我 很 喜欢 吃 水果。

A: Nǐ zuì xǐhuan shénme shuǐguǒ?
你 最 喜欢 什么 水果?

B: Wǒ zuì xǐhuan xīguā. Nǐ ne?
我 最 喜欢 西瓜。你 呢?

A: Wǒ zuì xǐhuan xiāngjiāo.
我 最 喜欢 香蕉。

B: Hóuzi yě zuì xǐhuan chī xiāngjiāo le, ní shǔ hóuzi ma?
猴子 也 最 喜欢 吃 香蕉 了,你 属 猴子 吗?

A: Wǒ rúguǒ shì hóuzi, ní jiù shì zhū le?
我 如果 是 猴子,你 就 是 猪 了?

B: Wèishénme?
为什么?

A: Zhū Bājiè chī xīguā de gùshi nǐ zhīdào ma?
猪 八戒 吃 西瓜 的 故事 你 知道 吗?

B: Tīngshuōguo. Nàme, nǐ jiù shì Sūn Wùkōng le?
听说过。 那么, 你 就 是 孙 悟空 了?

A: Nǐ hái yào jiào wǒ dàgē ne!
你 还 要 叫 我 大哥 呢!

B: Wǒ háishi jiào nǐ hóugē ba.
我 还是 叫 你 猴哥 吧。

5.4 Shēngcí 生词 New Words

dage	大哥	(n.)	the eldest brother
kuàicān	快餐	(n.)	fast-food
lāmiàn	拉面	(n.)	hand-pulled noodle
lóng	笼	(n.)	steamer
mántou	馒头	(n.)	steamed bun
niúpái	牛排	(n.)	(beef) steak
sèlā	色拉	(n.)	salad
shēngjiān	生煎	(adj.)	fried
shūcài	蔬菜	(n.)	vegetables
shuǐguǒ	水果	(n.)	fruit
xīcān	西餐	(n.)	Western food
xiāngjiāo	香蕉	(n.)	banana
zhōngcān	中餐	(n.)	Chinese food

● 专有名词 Proper Names

Kěndéjī	肯德基	KFC
Lánzhōu	兰州	Lanzhou, the capital of Gansu Province in China
Màidāngláo	麦当劳	McDonald's
Sūn Wùkōng	孙悟空	Monkey King, a character from *Journey to the West*, representing a person who has strong ability
Zhū Bājiè	猪八戒	a character from *Journey to the West*, representing a person who is stupid and lazy

5.4

Wánchéng duìhuà
完成对话
Complete the Dialogues

1 A:

_____

B： Wǒ zuì xǐhuan chī xīguā.
我 最 喜欢 吃 西瓜。

2 A： Nǐ xǐhuan chī zhōngcān háishi xīcān?
你 喜欢 吃 中餐 还是 西餐？

B：

_____

5.4

Dú yī dú , shuō yī shuō
读一读、说一说
Read and Talk

Māma ài chī xīcān, tā xǐhuan niúpái、sèlā hé kāfēi. Bàba ài chī
妈妈 爱 吃 西餐，她 喜欢 牛排、色拉 和 咖啡。爸爸 爱 吃

zhōngcān, tā xǐhuan kǎoyā、jiǎozi hé chá. Wǒ yào chī kuàicān, Kěndéjī、
中餐， 他 喜欢 烤鸭、饺子 和 茶。我 要 吃 快餐， 肯德基、

Màidāngláo、xiǎolóng bāozi、Lánzhōu lāmiàn, hái yǒu shēngjiān mántou,
麦当劳、 小 笼 包子、兰州 拉面， 还 有 生煎 馒头，

wǒ dōu xiǎng chī.
我 都 想 吃。

Kàn tú shuō huà
看图说话
Say something about the picture

_____

_____

_____

_____

_____

_____

_____

_____

Wénhuà xiǎo chángshí
文化小常识
Culture Study

Chant: Study China in 1, 2, and 3

yī zuò Chángchéng 一 座 长 城	1 Great Wall
liǎng tiáo dà hé 两 条 大 河	2 large rivers

sān shān wǔ yuè 三 山 五 岳	3 holy mountains
sì dà fāmíng 四大发明	4 great inventions
wǔshíliù ge mínzú 五十六个民族	56 ethnic groups
liù shū zào zì 六 书 造 字	6 ways of forming Chinese characters
qī cǎi Zhōngguó 七 彩 中国	7 colors of China
bā dà fāngyán 八 大 方言	8 major dialects
jiǔbǎi liùshí wàn píngfāng gōnglǐ tǔdì 九百六十万 平方 公里 土地	9,600,000 square kilometers of land
shíyì Zhōngguórén 十亿 中国人	1.3 billion Chinese

Administratively, China is divided into 23 provinces, 5 autonomous regions, 4 municipalities, and 2 special administrative regions. Show a map of China.

5.4
Yīngwén fānyì
英文 翻译
English Version

Conversation

A: Do you like Chinese food or western food?

B: I like both. And you?

A: I do too.

B: Do you like vegetables?

A: I don't like them very much. And you?

B: Neither do I. But, I really like eating fruit.

A: What kind of fruit do you like best?

B: I like watermelon best. How about you?

A: I like banana best.

B: Monkeys also love banana, are you a monkey?

A: If I'm a monkey, you are a pig.

B: Why?

A: Do you know the story of "Zhubajie (pig) Eats Watermelon"?

B: Yes, I know. So, you are Sun Wukong?

A: Yes, so you should call me Elder Brother.

B: I prefer to call you Monkey Brother.

Lesson Five
第五课

5.5

Xiǎo xiàngsheng
小相声
Chinese Crosstalk

A: Hǎo jǐ tiān bù jiàn, nǐ pàng le.
好 几天 不见, 你 胖 了。

B: Shì a, zuìjìn wǒ chī de bǐjiào duō.
是 啊, 最近 我 吃 得 比较 多。

A: Nǐ xǐhuan chī shénme?
你 喜欢 吃 什么?

B: Wǒ xǐhuan chī hūncài. Wǒ ài chī jī、 yā、 yú、 ròu.
我 喜欢 吃 荤菜。我 爱 吃 鸡、 鸭、 鱼、 肉。

A: Qǐngwèn, nǐ shǔ shénme?
请问, 你 属 什么?

B: Wǒ shǔ lǎohǔ. Nǐ ne?
我 属 老虎。你 呢?

A: Wǒ shǔ tùzi.
我 属 兔子。

B: Nà nǐ yīdìng xǐhuan chī shūcài: qīngcài huòzhě luóbo.
那 你 一定 喜欢 吃 蔬菜: 青菜 或者 萝卜。

A: Wǒ ài chī shūcài, yě ài chī yú.
我 爱 吃 蔬菜, 也 爱 吃 鱼。

B: Tùzi zěnme huì xǐhuan chī yú ne?
兔子 怎么 会 喜欢 吃 鱼 呢?

A: Wǒ yòu bù shì tùzi!
我 又 不 是 兔子!

B: Nǐ zìjǐ shuō nǐ shǔ tùzi.
你 自己 说 你 属 兔子。

A: Nà nǐ chī rén ma?
那 你 吃 人 吗?

B: Wǒ zěnme kěyǐ   chī rén ne?
我 怎 么 可 以 吃 人 呢?

A: Nǐ bù shì shǔ lǎohǔ ma?
你 不 是 属 老 虎 吗?

5.5 Shēngcí 生词 New Words

cóngqián	从前	(n.)	once upon a time
gǎibiàn	改变	(v.)	to change
hòulái	后来	(n.)	afterwards; later; then
hūncài	荤菜	(n.)	meat dish
kǔ	苦	(adj.)	bitter
lǐ	理	(v.)	to pay attention to
luóbo	萝卜	(n.)	radish
mài	卖	(v.)	to sell
pàng	胖	(adj.)	fat
shāngliang	商量	(v.)	to consult
shēngyi	生意	(n.)	business
xiǎochī	小吃	(n.)	snack
yǒumíng	有名	(adj.)	famous
yuèláiyuè…	越来越…		…more and more…
zìjǐ	自己	(n.)	oneself
zuòfa	做法	(n.)	way; method

● 专有名词 Proper Name

| Tiānjīn | 天津 | Tianjin, a metropolitan in China |

5.5

Xiǎo Gùshi
小故事
A Short Story

Tiānjīn yǒu yī zhǒng xiǎochī, hěn yǒumíng, jiào "gǒu bù lǐ bāozi".
天津 有一 种 小吃， 很 有名， 叫"狗不理包子"。

Wèishénme jiào zhège míngzi ne? Tīngshuō, cóngqián yǒu ge rén, xiǎng
为什么 叫 这个 名字 呢？听说， 从前 有个 人，想

zuò diǎnr xiǎo shēngyi. Tā hé tā de péngyou shāngliang, xiǎng zuò
做 点儿 小 生意。他和他的 朋友 商量， 想 做

mài bāozi de shēngyi. Tā de péngyou xiàozhe shuō: "Nǐ zuò de bāozi
卖 包子 的 生意。他的 朋友 笑着 说："你 做 的 包子

wǒ chīguo, bù zěnmeyàng, gǒu dōu bù huì lǐ tā." Zhège rén shuō:
我 吃过， 不 怎么样， 狗都 不会 理它。" 这个 人 说：

"Hǎo! Zhège míngzi hǎo! Jiù jiào 'gǒu bù lǐ bāozi'." Hòulái, tā
"好！这个 名字 好！ 就 叫'狗不理包子'。" 后来，他

gǎibiànle zuòfa, bāozi de wèidao yuèláiyuè hǎo, tā de shēngyi yě
改变了 做法， 包子 的 味道 越来越 好，他的 生意 也

yuèláiyuè hǎo.
越来越 好。

Zhōngguó yǒu yī jù huà, jiào "ròu bāozi dǎ gǒu, yǒu qù wú huí",
中国 有一 句话，叫"肉包子打狗，有去无回"，

yìsi shì, gǒu xǐhuan chī ròu, rúguǒ nǐ yòng ròu bāozi qù dǎ gǒu, gǒu
意思 是，狗喜欢 吃肉，如果 你 用 肉 包子 去 打狗，狗

zǒu le, nǐ de bāozi yě méi le.
走了， 你 的 包子 也 没 了。

5.5

Míyǔ
谜语
Guessing the Riddle

Liǎng jiěmèi, yīyàng cháng,
两 姐妹， 一样 长，

tián suān kǔ là tā xiān cháng.
甜 酸 苦 辣 它 先 尝。

（　　）

Hànzì xuéxí
汉字学习
Learning Chinese Characters

5.5

电车　月光　水田　火山　耳光　风水　光头

下大雨了，我在火车上。

山上风光好，山下牛马多。

zǔ cí chéng jù
组词成句
Complete the Sentences

5.5

1. yú　　chī　　háishi　　nǐ　　ròu　　ài
　　鱼　　吃　　还是　　你　　肉　　爱

2. shuǐguǒ　chī　nǐ　xǐhuan　zuì　shénme
　　水果　　吃　你　喜欢　　最　什么

3. wèidao　cài　zhège　bùcuò　tīngshuō
　　味道　　菜　这个　不错　听说

4. chī　zhōngcān　hǎo　xīcān　bǐ
　　吃　中餐　　好　西餐　比

5.5

Yīngwén fānyì
英文翻译
English Version

Chinese Crosstalk

A: Hey, long time no see. You are putting on weight.

B: I know. I am eating too much these days.

A: What do you like?

B: I like meat dish, such as, chicken, duck, fish and all sorts of meat.

A: May I ask which Chinese zodiac animal you are?

B: A tiger. And you?

A: A rabbit.

B: Then you must like eating vegetables, such as greens and turnips.

A: I like vegetables and fish too.

B: Why would a rabbit like eating fish?

A: I am not a rabbit.

B: You said that you were born in the year of the rabbit.

A: Well, then do you eat human flesh?

B: Why would I eat human flesh?

A: Weren't you born in the year of the tiger?

Jiàoxué zhòngdiǎn
教学重点

5.5

● 一、词汇

1. 食物名词：
   菜、鸡、鸭、鱼、肉、蔬菜、饭、面包、面条、牛奶、茶、可乐、咖啡、啤酒

2. 认读4个生字和词汇

● 二、句型

要（爱、想、喜欢）吃（各种食物）

Wǒ Ài Dǎ Qiú

我爱打球

I LIKE PLAYING BALL

6 UNIT

第六单元

Objectives

Upon successful completion of unit 6, students will be able to: >>

★ use appropriate verbs and nouns to describe physical activities or sports accordingly;

★ use the following sentence patterns in a conversation or statement:
   1. correctly use the pattern of "一 ... 就 ...",
   2. correctly use the patterns of "越 ... 越 ..." and alike;

★ learn 6 Chinese characters and phrases.

Lesson One
第一课

dàjiā lái yùndòng
大家来运动

Let's do exercises

Kèwén
课文
Text

6.1

Chant ❶

Nǐ yóuyǒng,	wǒ huá chuán.	Nǐ pǎobù,	wǒ pá shān.
你游泳，	我划船。	你跑步，	我爬山。

Nǐ liū bīng,	wǒ huá xuě.	Nǐ tiàogāo,	wǒ tiàoyuǎn.
你溜冰，	我滑雪。	你跳高，	我跳远。

Nǐ qí mǎ,	wǒ zuò cāo,	dàjiā lái qí zìxíngchē.
你骑马，	我做操，	大家来骑自行车。

Dǎ lánqiú,	tī zúqiú,	dàjiā lái dǎ pīngpāngqiú.
打篮球，	踢足球，	大家来打乒乓球。

Dǎ páiqiú,	dǎ bàngqiú,	dàjiā lái dǎ yǔmáoqiú.
打排球，	打棒球，	大家来打羽毛球。

Dǎ bīngqiú,	dǎ shuǐqiú,	dàjiā lái dǎ gāo'ěrfūqiú.
打冰球，	打水球，	大家来打高尔夫球。

6.1 生词 Shēngcí / New Words

bàngqiú	棒球	(n.)	baseball
bīngqiú	冰球	(n.)	ice hockey
gāo'ěrfūqiú	高尔夫球	(n.)	golf
huá chuán	划船		to go boating; to row
liū bīng	溜冰		to go ice-skating or roller-skating
páiqiú	排球	(n.)	volleyball
pǎobù	跑步	(v.)	to run
pīngpāngqiú	乒乓球	(n.)	ping-pong; table tennis
shuǐqiú	水球	(n.)	water polo
tiàogāo	跳高	(v.)	to do the high jump
tiàoyuǎn	跳远	(v.)	to do the long jump
yóuyǒng	游泳	(v.)	to swim
yǔmáoqiú	羽毛球	(n.)	badminton
yùndòng	运动	(v./n.)	to play sports; sports
zuò cāo	做操		to do (physical) exercises

6.1 会话 Huìhuà / Conversation

Tāngmǔ: Dàwèi, nǐ xǐhuan yùndòng ma?
汤姆 : 大卫，你 喜欢 运动 吗？

Dàwèi : Wǒ hěn xǐhuan yùndòng. Nǐ ne?
大卫 : 我 很 喜欢 运动 。 你 呢？

Tāngmǔ: Wǒ yě hěn xǐhuan. Nǐ zuì xǐhuan shénme yùndòng?
汤姆 : 我 也 很 喜欢。你 最 喜欢 什么 运动？

Dàwèi : Wǒ zuì xǐhuan yóuyǒng. Nǐ ne?
大卫 : 我 最 喜欢 游泳。 你 呢？

Tāngmǔ: Wǒ zuì xǐhuan pǎobù.
汤姆 : 我 最 喜欢 跑步。

♪ I like playing ball
我爱打球

Dàwèi : Zhè shì zuì fāngbiàn de yùndòng.

大卫 ： 这 是 最 方便 的 运动。

gùshi	yàoshi	tāmen	děnghòu
diànshì	yàoshì	dàmén	shíhou
zhànshi	lǎoshi	wǒmen	wènhòu
dànshì	quèshí	kāi mén	qìhou

bù huāng bù máng   yī wǔ yī shí

bù sān bù sì   yī rì qiān lǐ

bù tòng bù yǎng   yī mú yī yàng

bù pò bù lì   mù kōng yī qiè

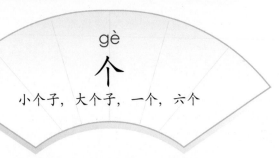

gè

个

小个子，大个子，一个，六个

Chant 1

You are swimming, and I am boating.
You are running, and I am climbing the hill.

You are skating, and I am skiing.
You are doing the high jump, and I am doing the long jump.
You are riding a horse, and I am doing exercises; everyone, come to ride a bike.
Play basketball and play football (soccer); everyone, come to play ping-pong.
Play volleyball and play baseball; everyone, come to play badminton.
Play ice hockey and play water polo; everyone, come to play golf.

Cnversation

Tom : David, do you like sports?

David : I like sports very much. And you?

Tom : I also like sports very much. Which sports do you like best?

David : I like swimming best. And you?

Tom : I like running best.

David : That is the most convenient sport (because you don't need special equipment).

我爱打球
I like playing ball

Lesson Two
第二课
zuòzhe   zhànzhe   zǒuzhe   pǎozhe
坐着,站着,走着,跑着 Sit, stand, walk, and run

6.2 Kèwén
课文
Text

Chant ❷

Nǐmen zuòzhe,   tāmen zhànzhe.
你们 坐着，他们 站 着。

Nǐmen zǒu lù,   tāmen pǎobù.
你们 走 路，他们 跑步。

Nǐmen (zuòzhe) chī fàn,   tāmen (zhànzhe) hē chá.
你们 （坐着） 吃 饭，他们 （站着） 喝 茶。

Nǐmen (zuòzhe) kàn bào,   tāmen (zhànzhe) dú shū.
你们 （坐着） 看 报，他们 （站着） 读 书。

Nǐmen (zuòzhe) xiě zì,   tāmen (zhànzhe) tīng gē.
你们 （坐着） 写 字，他们 （站着） 听 歌。

Nǐmen (zǒuzhe) shuō huà, tāmen (pǎozhe) tī qiú.
你们 （走着） 说话，他们 （跑着） 踢 球。

Nǐmen (zǒuzhe) chàng gē, tāmen (pǎozhe) tiào wǔ.
你们 （走着） 唱歌，他们 （跑着） 跳舞。

Nǐmen xǐ liǎn、 xǐ shǒu、 xǐ jiǎo、 xǐ zǎo、 xǐ yīfu.
你们 洗脸、洗 手、洗 脚、洗 澡、洗 衣服。

Tāmen dǎ qiú、 dǎ zì、 dǎ quán、dǎ pái、 dǎ diànhuà.
他们 打球、打字、打拳、打牌、打电话。

6.2 Shēngcí 生 词 New Words

dǎ pái	打牌		to play cards; to play poker
dǎ quán	打拳		to do shadowboxing
dǎ zì	打字		to type
liǎn	脸	(n.)	face
pái	牌	(n.)	playing cards
pǐ	匹	(m.)	(for horses)
quān	圈	(n.)	circle
shítou	石头	(n.)	stone
zhàn	站	(v.)	to stand

6.2 Huìhuà 会 话 Conversation

māma: Dàwèi, nǐ zài zuò shénme?
妈妈 ：大卫，你 在 做 什么？

Dàwèi: Māma, wǒ zài xiě zì.
大卫 ：妈妈，我 在 写 字。

māma: Qǐng nǐ zuòzhe xiě zì.
妈妈 ：请 你 坐着 写 字。

Dàwèi: Wǒ xǐhuan zhànzhe xiě zì.
大卫 ：我 喜欢 站着 写 字。

māma: Zhànzhe xiě zì xiě bu hǎo.
妈妈 ：站着 写 字写 不 好。

Dàwèi: Hǎo ba, wǒ zuòzhe xiě.
大卫 ：好 吧，我 坐着 写。

Nǐ zài gàn shénme?
你 在 干 什么？

Wǒ zài kàn
我 在 看

shū.
书。

bào.
报。

diànshì.
电视。

Nǐ zài xǐ shénme?
你 在 洗 什么？

Wǒ zài xǐ
我 在 洗

liǎn.
脸。

shǒu.
手。

jiǎo.
脚。

zǎo.
澡。

yīfu.
衣服。

Nǐ zài dǎ shénme?
你 在 打 什么？

Wǒ zài dǎ
我 在 打

qiú.
球。

pái.
牌。

zì.
字。

quán.
拳。

diànhuà.
电话。

Nǐ zài dǎ shénme qiú?
你 在 打 什么 球？

Wǒ zài dǎ
我 在 打

lánqiú.
篮球。

páiqiú.
排球。

bīngqiú.
冰球。

bàngqiú.
棒球。

pīngpāngqiú.
乒乓球。

yǔmáoqiú.
羽毛球。

Míyǔ

谜 语

Guessing the Riddle

Bái shítou, wéi yī quān,
白 石头， 围 一 圈，

Yǐ pǐ hóng mǎ zài zhōngjiān.
一 匹 红 马 在 中 间。

( )

Hànzì xuéxí

汉字学习

Learning Chinese Characters

zhè

这

这个，这是

Yīngwén fānyì

英文翻译

English Version

Chant 2

You are sitting, and they are standing.

You are walking, and they are running.

You are eating your meal (sitting) and they are drinking tea (standing).

You are reading newspapers (sitting) , and they are reading a book (standing).

You are writing (sitting) , and they are listening to songs (standing).

You are talking (while walking), and they are kicking the ball (while running).

You are singing (while walking), and they are dancing (while running).

You are washing your face, your hands, your feet, your body and your clothes.

They are playing (basket)ball, typing, practicing martial arts, playing cards, and making phone calls.

Conversation

Mom : David, what are you doing?

David: Mom, I am writing.

Mom : Please sit down while writing.

David: I like standing to write.

Mom : You can't write well standing.

David: OK, I'll sit down to write.

Lesson Three
第三课

jiù xiǎng kàn diànshì
就想看电视

Only want to watch TV

6.3

Huìhuà
会话
Conversation

Jiékè : Nǐ hǎo! Dàwèi. Míngtiān yìqǐ qù yóuyǒng ma?
杰克 : 你 好! 大卫。明天 一起 去 游泳 吗?

Dàwèi : Bù qù. Zhème lěng de tiān, yuè yóu yuè lěng.
大卫 : 不 去。这么 冷 的 天,越 游 越 冷。

Jiékè : Nàme yìqǐ qù pá shān, yī pá shān jiù rè le.
杰克 : 那么 一起 去 爬山,一 爬 山 就 热 了。

Dàwèi : Yě bù qù. Wǒ yī rè jiù chū hàn, chū le hàn gèng lěng.
大卫 : 也 不 去。我 一 热 就 出 汗,出 了 汗 更 冷。

Jiékè : Huòzhě wǒmen qù dǎ lánqiú, hǎo ma?
杰克 : 或者 我们 去 打 篮球,好 吗?

Dàwèi : Wǒ bù xiǎng dòng, wǒ zhǐ xiǎng zuòzhe kàn diànshì.
大卫 : 我 不 想 动,我 只 想 坐着 看 电视。

Jiékè : Yīzhí zuòzhe bù hǎo! Yào yùndòng yùndòng.
杰克 : 一直 坐 着 不 好! 要 运动 运动。

Dàwèi : Nà wǒmen yìqǐ dǎ pái ba!
大卫 : 那 我们 一起 打 牌 吧!

Jiékè : Dǎ pái shì shénme yùndòng a?
杰克 : 打 牌 是 什么 运动 啊?

Dàwèi : Dǎ pái yě yǒu guójì bǐsài.
大卫 : 打 牌 也 有 国际 比赛。

Jiékè : Hǎo ba. Bùguò, shuí shū le shuí yào zài dì shang pá yī quān.
杰克 : 好 吧。不过,谁 输 了 谁 要 在 地 上 爬 一 圈。

Dàwèi : Méi wèntí. Nǐ bù shì hěn xǐhuan yùndòng ma?
大卫 : 没 问题。你 不 是 很 喜欢 运动 吗?

Jiékè : Nǐ yě bù yìdìng néng yíng wǒ a?
杰克 : 你 也 不 一定 能 赢 我 啊?

Dàwèi : wǒmen zǒuzhe qiáo.
大卫 : 我们 走着 瞧。

6.3 Shēngcí 生词 New Words

bǐsài	比赛	(v./n.)	to compete; competition
chū hàn	出汗		to sweat
fángjiān	房间	(n.)	room
hàn	汗	(n.)	sweat; perspiration
máng	忙	(adj.)	busy
qiáo	瞧	(v.)	to look; to see
shū	输	(v.)	to lose; to be defeated
tàijíquán	太极拳	(n.)	*taijiquan;* shadowboxing
xiězìtái	写字台	(n.)	desk
yi…jiu…	一…就…		as soon as
yíng	赢	(v.)	win
yuànzi	院子	(n.)	courtyard
yuè…yuè…	越…越…		the more…the more…
zheme	这么	(pron.)	(indicating nature, state, way, degree etc.)

6.3 Wánchéng duìhuà 完成对话 Complete the Dialogues

例 A: Míngtiān yīqǐ qù yóuyǒng ma?
明天 一起去 游泳 吗?

B: Hǎo a, míngtiān kěyǐ yīqǐ qù yóuyǒng.
好 啊,明天 可以 一起去 游泳。

 A: Wǒmen qù dǎ lánqiú, hǎo ma?
我们 去 打 篮球, 好 吗?

B: _____

3 A: Dǎ pái yě shì yùndòng ma?
打 牌 也 是 运动 吗?

B: _____

4 A: Nǐ xǐhuan shénme yùndòng?
你 喜欢 什么 运动?

B: _____

6.3

Dú yī dú , shuō yī shuō
读一读、说一说
Read and Talk

Xīngqītiān zǎoshang Xiǎomíng yī jiā háishi hěn máng. Xiǎomíng zuò
星期天　早上　　小明　一　家　还是　很　忙。　小明　　坐

zái xiězìtái qián kàn shū, bàba zài děng tā de péngyou, yào yī qǐ qù
在 写字台 前　看 书,　爸爸 在 等　他 的 朋友,　　要一起去

dǎ gāo'ěrfūqiú. Yéye zài yuànzi li dǎ tàijíquán, māma zài fángjiān li
打 高尔夫球。爷爷 在 院子 里 打 太极拳,　妈妈　在 房间　里

hé tā de péngyou dǎ diànhuà, nǎinǎi mángzhe xǐ yīfu.
和 她 的 朋友　　打 电话,　奶奶　忙着　　洗 衣服。

Questions:

Q1: Jīntiān xīngqī jǐ?
今天　星期几?

Q2: Xiǎomíng yī jiā rén dōu hěn máng ma?
小明　　一 家人 都 很 忙　吗?

Q3: Xiǎomíng zài zuò shénme?
小明　　在 做 什么?

Q4: Bàba zài děng shuí?
爸爸 在 等　谁?

Q5: Māma zài nǎli?　 Tā zài zuò shénme?
妈妈 在 哪里? 她 在 做　什么?

Q6: Yéye zài yuànzi li chàng gē ma?
爷爷 在 院子 里 唱　歌 吗?

Tā zài zuò shénme?
他 在 做　什么?

Q7: Nǎinai zài dǎ pái ma?
奶奶 在 打牌 吗?

Answers:

A1:

A2:

A3:

A4:

A5:

A6:

A7:

6.3 宇 Hànzì xuéxí
汉字学习
Learning Chinese Characters

bù
不
不是, 不好

yě
也
也是

zì
自
自在, 自身

6.3 Yīngwén fānyì
英文翻译
English Version

Conversation

Jack : Hello! David, shall we go swimming together tomorrow?

David: No. In such cold weather the longer you swim the colder you get.

Jack : Then let's go climbing a mountain. As soon as you start climbing, you feel warm.

David: I don't want to go climbing, either. As soon as I get hot, I will start sweating, and then I'll get cold.

Jack : In that case, let's go playing basketball, OK?

David: I don't want to move. I only want to watch TV sitting.

Jack : It's not good always sitting. You should move around.

David: Then how about playing cards together?

Jack : What kind of sport is playing cards?

David: There is also an international competition for playing cards.

Jack : OK. But, whoever loses the game must crawl in a circle on the ground.

David: No problem. You like sports, don't you?

Jack : You can't be sure you'll win!

David: Let's go to see who wins!

Lesson Four
第四课

yuè chī yuè xiǎng chī
越吃越想吃

The more you eat, the more you want to eat

6.4

Huìhuà
会话
Conversation

A: Hǎo jiǔ bù jiàn, nǐ yuèláiyuè pàng le.
好久不见，你越来越胖了。

B: Shì a. Wǒ zuìjìn yùndòng tài shǎo.
是啊。我最近运动太少。

A: Nǐ dàgài shì chī de tài duō le.
你大概是吃得太多了。

B: Wǒ xiànzài yuè chī yuè duō, yuè chī yuè xiǎng chī.
我现在越吃越多，越吃越想吃。

A: Nà nǐ gèng yīnggāi duō yùndòng yùndòng le.
那你更应该多运动运动了。

B: Wǒ yī yùndòng jiù gèng xiǎng chī le.
我一运动就更想吃了。

A: Nǐ kàn wǒ, shì bu shì yuèláiyuè shòu le?
你看我，是不是越来越瘦了？

B: Shì de, bǐ yǐqián miáotiáo duō le.
是的，比以前苗条多了。

A: Nǐ gēnzhe wǒ yìqǐ jiǎn féi ba.
你跟着我一起减肥吧。

B: Zěnme jiǎn féi?
怎么减肥？

A: Měitiān pǎobù, huòzhě yóuyǒng.
每天跑步，或者游泳。

B: Tài méi yìsi le, xiàng jīqì yīyàng.
太没意思了，像机器一样。

A: Nà zánmen dǎ qiú? Kěyǐ bǐsài, yǒu shū yíng.
那咱们打球？可以比赛，有输赢。

B: Wǒ yī cānjiā bǐsài jiù shū, yī shū xīn li jiù bù shūfu.
我一参加比赛就输，一输心里就不舒服。

A: Nà nǐ xiǎng gàn shénme?
那 你 想 干 什么？

B: Háishi chī zuì shūfu.
还是 吃 最 舒服。

6.4

Shēngcí
生 词
New Words

cháng	长	(adj.)	long
gāo	高	(adj.)	tall
jīqì	机器	(n.)	machine
jiǎnféi	减肥		to lose weight (for health or a good figure)
měilì	美丽	(adj.)	beautiful
miáotiáo	苗条	(adj.)	having a good figure (shape); slender
piàoliang	漂亮	(adj.)	pretty
shénqí	神奇	(adj.)	marvelous
shòu	瘦	(adj.)	thin
shūfu	舒服	(adj.)	comfortable
wěidà	伟大	(adj.)	great
yǐqián	以前	(n.)	before
yīnggāi	应该	(v.)	should
yǒuqù	有趣	(adj.)	interesting

6.4

Zàojù
造 句
Make Sentences

Make sentences with "一···就···(yī···jiù···)", "越来越···(yuèláiyuè···)" and "越···越···(yuè···yuè···)":

1. "一···就···"

Wǒ yī pá shān jiù rè, yī rè jiù chū hàn.
例：我 一 爬 山 就 热， 一 热 就 出 汗。

2. "越来越…"

Nǐ yuèláiyuè pàng, wǒ yuèláiyuè shòu.
例：你 越来越 胖， 我 越来越 瘦。

3. "越…越…"

Wǒ xiànzài yuè chī yuè duō， yuè chī yuè xiǎng chī.
例：我 现在 越 吃越 多， 越 吃越 想 吃。

6.4
Dú yī dú , shuō yī shuō
读一读、说一说
Read and Talk

Wǒmen yī jiā dōu hěn xǐhuan yùndòng: wǒ xǐhuan pǎobù, wǒ bàba
我们 一家都 很 喜欢 运动： 我喜欢 跑步， 我爸爸

xǐhuan dǎ lánqiú, wǒ māma xǐhuan qǐ zìxíngchē, wǒ gēge xǐhuan tī
喜欢 打 篮球，我 妈妈 喜欢 骑 自行车， 我 哥哥喜欢 踢

zúqiú. Xiàtiān wǒmen chángcháng yīqǐ qù yóuyǒng, dōngtiān
足球。夏天 我们 常常 一起 去游泳， 冬天

chángcháng yīqǐ qù huá xuě; yǒushíhou wǒmen yě qù pá shān,
常常 一起 去滑 雪； 有时候 我们 也去 爬山，

huòzhě huá chuán. Dàjiā shēntǐ dōu hěn hǎo.
或者 划 船。 大家身体 都 很 好。

6.4  Wénhuà xiǎo chángshí
文化小常识
Culture Study

I. Chant: Study China in 1, 2, and 3

yī zuò Chángchéng cháng yòu cháng 一 座 长城 长 又 长	1 Great Wall is very long
liǎng tiáo dà hé shì Huánghe Chángjiāng 两 条 大河是 黄河 长江	2 large rivers are Yellow River and Yangtze River
sān shān wǔ yuè gāo yòu gāo 三 山 五岳 高 又 高	3 holy mountains are very tall
sì dà fāmíng zhēn wěidà 四 大 发明 真 伟大	4 great inventions are wonderful
wǔshíliù ge mínzú shì yī jiā 五十六 个 民族 是 一家	56 Ethnic groups are one big family
liù shū zào zì hǎo shénqí 六 书 造字 好 神奇	6 ways of forming Chinese characters are magical
qī cǎi Zhōngguó zhēn piàoliàng 七 彩 中国 真 漂亮	7 colors of China are beautiful
bā dà fāngyán hěn yǒuqù 八 大 方言 很 有趣	8 major dialects are very interesting
jiubāi liùshí wàn píngfāng gōnglǐ dì 九 百 六十万 平方 公里 地	9,600,000 square kilometers of land
shì shí yì Zhōngguórén měilì de jiā 是 十 亿 中国人 美丽的家	is 1.3 billion Chinese's beautiful home

II. A country with 5000 years of history

China has 5000 years of history, during which time the Chinese people have developed and shared a common culture. For example, the language and writing system can be traced back 4000 years. Mythical folk tales and ancient legends such as "Nüwa, the Goddess that Mends the Sky and Creates Human Beings", "Giant Pangu, the Creator of the Universe", "The Great Yu Controlled the Flood", and the Yellow Emperor, continue to be popular. The festivals and customs have been passed down through the generations. Even the style of dressing dating back to the Tang Dynasty 2000 years ago remains in fashion today.

Yīngwén fānyì
英文翻译
English Version

6.4

Conversation

A: Haven't seen you for a long time. You have gotten even fatter than before.

B: Yes. I haven't been exercising much recently.

A: Probably you eat too much.

B: Now I'm eating more and more, and the more I eat the more I want to eat.

A: So you really must do more sports.

B: As soon as I move around, I want to eat even more.

A: Look at me, have I lost weight?

B: Yes, you have a better figure than before.

A: You can lose weight by following me.

B: How do we lose weight?

A: By running every day, or swimming.

B: It's too boring, like a machine.

A: Then let's play (basket)ball. We can play to see who wins.

B: As soon as I join the game, I will lose. As soon as I lose, I will be unhappy.

A: So, what do you want to do?

B: Eating is the best.

Lesson Five
第五课

fùxí
复习

Review

Xiǎo xiàngsheng
6.5 小 相 声
Chinese Crosstalk

Jiékè: Lǐ Míng, nǐ xǐhuan shénme yùndòng?
杰克：李明，你喜欢 什么 运动？

Lǐ Míng: Wǒ xǐhuan xià qí.
李明：我喜欢 下棋。

Jiékè: Xià qí yě shì yùndòng ma?
杰克：下棋也是运动 吗？

Lǐ Míng: Nǐ yǐwéi zhǐyǒu pǎobù、pá shān、yóuyǒng、dǎ qiú cái shì yùndòng ma?
李明：你以为只有跑步、爬山、游泳、打球才是运动 吗？

Jiékè: Kěshì, xià qí de shíhou, nǐ yīzhí zuòzhe méi dòng a?
杰克：可是，下棋的时候，你一直坐着没 动 啊？

Lǐ Míng: Zhè nǐ jiù bù zhīdào le. Zuò yě shì yī zhǒng gōngfu.
李明：这你就不知道了。坐也是一 种 功夫。

Jiékè: Hǎo ba, jiùsuàn xià qí yě shì yùndòng. Nǐ xià shénme qí ne?
杰克：好吧，就算 下棋也是运动。你下什么 棋呢？

Lǐ Míng: Guójì xiàngqí、Zhōngguó xiàngqí hé wéiqí dōu xià.
李明：国际 象棋、中国 象棋 和围棋 都下。

Jiékè: Nǐ xià qí de shuǐpíng zěnmeyàng?
杰克：你下棋的水平 怎么样？

Lǐ Míng: Mǎmǎhūhū, hái kěyǐ.
李明：马马虎虎，还可以。

Jiékè: Nǐ chángcháng cānjiā bǐsài ma?
杰克：你常常 参加比赛吗？

Lǐ Míng: Yǒu de bǐsài wǒ cānjiā, yǒu de bǐsài wǒ bù cānjiā.
李明：有的比赛我参加，有的比赛我不参加。

Jiékè: Wèishénme yǒu de bǐsài nǐ bù cānjiā ne?
杰克：为什么 有的比赛你不参加呢？

Lǐ Míng: Yǒuxiē bǐsài tāmen bù ràng wǒ cānjiā.
李明：有些 比赛他们不让我参加。

Jiékè : Nǎxiē bǐsài tāmen bù ràng nǐ cānjiā ne?
杰克 : 哪些 比赛 他们 不 让 你 参加 呢?

Lǐ Míng : Bǐrú: guójì bǐsài. Tāmen shuō wǒ shuǐpíng tài dī, bù ràng wǒ cānjiā.
李明 : 比如：国际 比赛。他们 说 我 水平 太低，不 让 我 参加。

Jiékè : Nàme, nǐ cānjiā de bǐsài, jiēguǒ zěnmeyàng ne?
杰克 : 那么，你 参加 的 比赛，结果 怎么样 呢?

Lǐ Míng : Yǒu yí cì bǐsài, dì yī chǎng, wǒ méiyǒu yíng.
李明 : 有 一 次 比赛，第 一 场，我 没有 赢。

Jiékè : Nàme dì èr chǎng ne?
杰克 : 那么 第 二 场 呢?

Lǐ Míng : Dì èr chǎng, duìshǒu méiyǒu shū.
李明 : 第二场，对手 没有 输。

Jiékè : Dì sān chǎng zěnmeyàng?
杰克 : 第三场 怎么样?

Lǐ Míng : Dì sān chǎng, wǒ yào gēn tā jiǎnghé, shuō shénme tā yě bù kěn.
李明 : 第三场， 我 要 跟 他 讲和，说 什么 他 也 不 肯。

Jiékè : Kàn yàngzi, nǐ de shuǐpíng shì bù zěnmeyàng.
杰克 : 看 样子，你 的 水平 是 不 怎么样。

	Shēngcí 生 词 New Words		
bǐrú	比如	(conj.)	for instance; for example
bù zěnmeyàng	不怎么样		not so good; just so-so
dī	低	(adj.)	low
duìshǒu	对手	(n.)	opponent
gōngfu	功夫	(n.)	skill; art; Chinese martial art (kungfu)
guójì xiàngqí	国际象棋		chess
jiǎnghé	讲和	(v.)	to make peace with (to stop fighting)
jiēguǒ	结果	(n./adv.)	result; finally; at last
kànyàngzi	看样子		it seems like ...; it looks like ...
kěyǐ	可以	(adj.)	pretty good; hot bad; passable
kěn	肯	(v.)	be willing to

mǎmǎhūhū	马马虎虎	*(adj.)*	not too bad
qīng	清	*(adj.)*	clear
shīzi	狮子	*(n.)*	lion
shí	石	*(n.)*	stone
shuǐpíng	水平	*(n.)*	level
sī	撕	*(v.)*	to rip; to tear
sǐ	死	*(v.)*	to die
wéiqí	围棋	*(n.)*	I-go
xià qí	下棋		play chess
yǐwéi	以为	*(v.)*	to think
zhǐ	纸	*(n.)*	paper
zhōngguó xiàngqí	中国象棋		Chinese chess
zhǔn	准	*(adj.)*	accurate

Kàn tú shuō huà
看图说话
Say something about the pictures

Write at least 6-8 complete sentences about the sports of some groups of people.

_____

_____

_____

_____

_____

_____

_____

_____

_____

Rào kǒu lìng
绕口令
A Tongue Twister

6.5

Wǒ shuō sì ge shí shīzi,
我 说 四 个 石 狮子,

nǐ shuō shí ge zhǐ shīzi.
你 说 十 个 纸 狮子。

Zhǐ shīzi shì sǐ shīzi,
纸 狮子 是 死 狮子,

shí shīzi yě shì sǐ shīzi.
石 狮子 也 是 死 狮子。

Shí shīzi bù néng sī,
石 狮子 不 能 撕,

zhǐ shīzi cái néng sī.
纸 狮子 才 能 撕。

Yào xiǎng shuō qīng zhè jǐ ge zì,
要 想 说 清 这 几 个 字,

dú zhǔn sì、 shí、 sǐ、 shí、 sī.
读 准 四、 十、 死、 石、 撕。

Hànzì xuéxí

汉字学习

Learning Chinese Characters

6.5

这个是你的女儿，那个也是你的女儿。

我的儿子不在这儿。那儿是大山，下面是水。

羊在山头，鱼在水中。我不自大，我自在。

zǔ cí chéng jù

组词成句

Complete the Sentences

6.5

1.
shān	jiù	wǒ	hàn	yī	chū	pá
山	就	我	汗	一	出	爬

_____

2.
yóuyǒng	dǎ	wǒmen	huòzhě	míngtiān	lánqiú	qù
游泳	打	我们	或者	明天	篮球	去

_____

3.
shòu	yuèláiyuè	xiànzài	nǐ	le
瘦	越来越	现在	你	了

_____

4.
chī	yuè	xiànzài	duō	yuè	wǒ
吃	越	现在	多	越	我

_____

Yīngwén fānyì
英文翻译
English Version

Chinese Crosstalk

Jack : Li Ming, what sports do you like?

Li Ming: I like playing chess.

Jack : Is chess a sport?

Li Ming: Do you really think that only running, climbing mountains, swimming and playing ball are sports?

Jack : However, when you are playing chess, you only sit there and don't move around.

Li Ming: I guess you really do not know about this. Sitting is also a kind of Kungfu.

Jack : OK, if we count playing chess as a sport, then what kind of chess do you play?

Li Ming: Chess, Chinese chess and I-go. I play them all.

Jack : How well do you play?

Li Ming: Not too bad.

Jack : Do you often participate in chess contests?

Li Ming: Some contests I do, some I don't.

Jack : Why do you not participate in some of the contests?

Li Ming: Because sometimes I am not invited.

Jack : Which ones are those?

Li Ming: For instance, international ones. Because they think that I'm not up to their standard, they don't let me participate in.

Jack : OK, how about the competitions you participated in? Did you win any of them?

Li Ming: Once I was participating in a contest and I did not win the first match.

Jack : How about the second game?

Li Ming: The second game my opponent did not lose.

Jack : How about the third game?

Li Ming: The third game I wanted to talk him into a tie game, but he didn't agree.

Jack : I guess you are not good at all.

6.5

Jiàoxué zhòngdiǎn
教学重点

● 一、词汇

1. 动词和体育名词：
   游泳、跑步、打球、下棋

2. 认读6个生字和词汇

● 二、名型

1. 一…就…：
   你一来，她就走。

2. 越来越+形容词（或表示心理活动的动词）：
   越来越好、越来越快、越来越高兴

3. 越+动词+越+形容词（或表示心理活动的动词）：
   越做越好、越跑越快、越做越高兴

4. 进行时态：
   在+动词、动词+着

词类简称表

1.	*n.*	....	*noun*	(名词)
2.	*pron.*	....	*pronoun*	(代词)
3.	*v.*	....	*verb*	(动词)
4.	*modal v.*	....	*modal verb*	(情态动词)
5.	*adj.*	....	*adjective*	(形容词)
6.	*adv.*	....	*adverb*	(副词)
7.	*conj.*	....	*conjunction*	(连词)
8.	*prep.*	....	*preposition*	(介词)
9.	*num.*	....	*number*	(数词)
10.	*m.*	....	*measure word*	(量词)
11.	*part.*	....	*particle*	(助词)
12.	*inter.*	....	*interjection*	(叹词)
13.	*pref.*	....	*prefix*	(词头)
14.	*suf.*	....	*suffix*	(词尾)
15.	*ono.*	....	*onomatopoeia*	(象声词)
16.	*pn.*	....	*proper name*	(专有名词)

B ❖ ....

bái	白	(adj.)	white	4.2
báimángmáng	白茫茫	(adj.)	all covered in white (for snow or fog),	4.2
			making it difficult to see clearly	
báitiān	白天	(n.)	daytime	2.4
bānjiā	搬家		to move (house)	1.5
bàn	半	(num.)	half	1.1
bàngqiú	棒球	(n.)	baseball	6.1
bāo	包	(v.)	to wrap	5.2
bāozi	包子	(n.)	steamed stuffed bun	5.1
bǎo	饱	(a.)	full; stuffed	1.2
bǎozhèng	保证	(v.)	to guarantee; to ensure	3.4
bào	报	(n.)	newspaper	2.1
bàozhǐ	报纸	(n.)	newspaper	5.2
bēi	杯	(n.)	(for drinks)	2.1
běifāng	北方	(n.)	Noth	4.3
bèi	背	(n.)	back	2.3
běn	本	(m.)	(for books, magazines)	1.4
bízi	鼻子	(n.)	nose	2.1
bǐjiào	比较	(adv.)	relatively; comparatively	4.1
bǐrú	比如	(conj.)	for instance; for example	6.5
bǐsài	比赛	(v./n.)	to compete; competition	6.3
biàn	遍	(m.)	(used to indicate number of times for actions)	2.1
bié	别	(adv.)	don't (+ verb) (for a negative command)	3.4
biéde	别的	(pron.)	other	5.2
biéren	别人	(pron.)	another person; other people	1.5
bīnguǎn	宾馆	(n.)	hotel	3.2
bīngqiú	冰球	(n.)	ice hockey	6.1
bìnglǒng	并拢	(v.)	to put together	2.3
bówùguǎn	博物馆	(n.)	museum	3.3
bózi	脖子	(n.)	neck	2.3
bùcuò	不错	(adj.)	good; not bad	2.2
bùguò	不过	(conj.)	but	5.4
bù jiàn bù sàn	不见不散		Be sure to be there.	1.4
bù zěnmeyàng	不怎么样		not so good; so-so	6.5

C*...

cái	才	(adv.)	really	3.4
cài	菜	(n.)	dish; vegetable; green food	5.1
càidān	菜单	(n.)	menu	5.2
cāochǎng	操场	(n.)	playground; sports field	1.2
cèsuǒ	厕所	(n.)	restroom; toilet; W.C.	3.5
chá	茶	(n.)	tea	2.1
chà	差	(v.)	to lack; to be short of	1.3
chàbuduō	差不多	(adj.)	about the same; similar	4.4
cháng	长	(adj.)	long	6.4
cháng	尝	(v.)	to taste	2.2
cháng	常	(adv.)	often	4.3
chángcháng	常常	(adv.)	often	4.3
chǎo	炒	(v.)	to stir-fry	5.2
chǎo cài	炒菜		to cook a dish	2.5
chéngshì	城市	(n.)	city	4.3
chī fàn	吃饭		to eat (a meal); to have a meal	1.2
chòu	臭	(adj.)	bad smelling	2.1
chòudòufu	臭豆腐	(n.)	strong-smelling preserved fermented	2.5
chū hàn	出汗		to sweat	6.3
chūzūchē	出租车	(n.)	taxi	3.3
chùchù	处处	(n.)	everywhere	4.2
chūntiān	春天	(n.)	spring	4.1
cì	次	(m.)	(used to indicate number of times for actions)	2.1
cóng	从	(prep.)	from	3.3
cóng bù	从不		never	4.3
cóng…dào…	从 ... 到 ...	(prep.)	from…to…	3.3
cóngqián	从前	(n.)	once upon a time	5.5

D*...

dǎ dí	打的		to take a taxi	3.3
dǎjiǎo	打搅	(v.)	to disturb; tor trouble	1.5
dǎ pái	打牌		to play cards; to play poker	6.2
dǎ qiú	打球		to play ball	1.1
dǎ quán	打拳		to do shadowboxing	6.2

dǎsǎo	打扫	(v.)	to sweep; to dust	3.5
dǎting	打听	(v.)	to ask about; to inquire about	3.5
dǎ zì	打字		to type	6.2
dàgài	大概	(adv.)	probably; maybe	2.5
dàgē	大哥	(n.)	the eldest brother	5.4
dàn	蛋	(n.)	egg	5.1
dànshì	但是	(conj.)	but	2.5
dǎng	挡	(v.)	to block; to keep away	2.4
dào	到	(v./prep.)	to arrive; to; until	1.4
dào	倒	(adv.)	instead	2.3
dēnglong	灯笼	(n.)	lantern	5.1
dī	低	(adj.)	low	6.5
dì	地	(n.)	ground; earth	3.1
dìfang	地方	(n.)	place	3.3
dìtiě	地铁	(n.)	subway	3.3
diǎn cài	点菜		to order dishes	5.2
diǎn tóu	点头		to nod	5.5
diǎnzhōng	点钟	(n.)	o'clock	1.1
dōngtiān	冬天	(n.)	winter	4.1
dòng	动	(v.)	to act; to move	2.4
dòngwùyuán	动物园	(n.)	zoo	1.5
dòufu	豆腐	(n.)	tofu (bean curd)	5.3
dù	度	(n.)	degree	4.4
dùzi	肚子	(n.)	stomach; belly	2.5
duān	端	(v.)	to carry (for a server in a restaurant)	2.5
duànliàn	锻炼	(v./n.)	to do physical exercise	1.2
duìshǒu	对手	(n.)	opponent	6.5

E

| ěrduo | 耳朵 | (n.) | ear | 2.1 |

F

fàn	饭	(n.)	meal; cooked rice	1.1
fàndiàn	饭店	(n.)	restaurant; hotel	3.2
fāngbiàn	方便	(adj.)	convenient	3.3
fángjiān	房间	(n.)	room	6.3

fàng xīn	放心		not to worry; to set one's mind at rest	3.4
fàng xué	放学		classes are over; to dismiss class	1.4
fēn	分	(n.)	minute	1.3
fēn	分	(v.)	to divide; to separate	3.5
fēnzhōng	分钟	(n.)	minute	3.3
fúwùyuán	服务员	(n.)	waiter/waitress; attendant	5.2
fù qián	付钱		to pay money	5.2

G ✤..

gǎibiàn	改变	(v.)	to change	5.5
gānjìng	干净	(adj.)	clean	4.5
gàn	干	(v.)	to do	2.4
gāng	刚	(adv.)	just	1.5
gāo	高	(adj.)	tall	6.4
gāo'ěrfūqiú	高尔夫球	(n.)	golf	6.1
gēbo	胳膊	(n.)	arm	2.3
gèng	更	(adv.)	more; even more	1.2
Gōngbǎo jīdīng	宫保鸡丁	(pn.)	a kind of dishes made with chicken and peanut	5.3
gōngfu	功夫	(n.)	skill; art; a Chinese martial art (kungfu)	6.5
gōnggòng qìchē	公共汽车		bus	3.3
gǒuxióng	狗熊	(n.)	bear	4.5
gùshi	故事	(n.)	story	1.5
guǎi	拐	(v.)	to turn	3.2
guānglín	光临	(v.)	to be present (of a guest)	5.2
guǎngchǎng	广场	(n.)	square; plaza	3.3
Guǎngdōng	广东	(pn.)	a province in south China	5.3
guójì	国际	(n.)	international	3.4
guójì xiàngqí	国际象棋		chess	6.5
guójiā	国家	(n.)	country	4.4
guónèi	国内	(n.)	domestic; inside the country	3.4
guówài	国外	(n.)	overseas	5.5
guǒzhī	果汁	(n.)	fruit juice	5.1

H ✤..

háishi	还是	(adv.)	to prefer; would rather	1.5
háishi	还是	(conj.)	or	2.2

hàn	汗	(n.)	sweat; perspiration	6.3
hángbān	航班	(n.)	flight number	3.4
hǎo	好	(adv.)	very	5.3
hǎochī	好吃	(adj.)	tasty; delicious	2.2
hǎokàn	好看	(adj.)	good-looking	2.2
hǎoshuō	好说	(adj.)	it can be easily arranged; it can be settled through discussion	2.2
hǎotīng	好听	(adj.)	pleasant to hear	2.2
Hànsēn	汉森	(pn.)	Hesen	1.4
hē	喝	(v.)	to drink	2.1
hēi	黑	(adj.)	black	2.4
hěn shǎo	很少		seldom; very few or little	2.4
hóng	红	(adj.)	red	4.2
hóngyànyàn	红艳艳	(adj.)	bright red and shiny	4.2
hòu	后	(n.)	behind; after; later	3.2
hòulái	后来	(adv.)	afterwards; later; then	5.5
hòumian	后面	(n.)	at/in the back; behind	3.1
hūxī	呼吸	(v./n.)	to breathe; breath	2.5
huāhuā	哗哗	(ono.)	sound of rapidly-running water or a heavy rain	4.3
huá chuán	划船		to go boating; to row	6.1
huá xuě	滑雪		to ski	4.5
huà chū	画出		to draw	3.1
huí	回	(m.)	(used to indicate number of times for actions)	2.1
huí jiā	回家		to go home	1.3
huì	会	(v.)	can; will be	1.2
hūncài	荤菜	(n.)	meat dish	5.5
huòzhě	或者	(conj.)	or	2.4

J

jīchǎng	机场	(n.)	airport	3.3
jīqì	机器	(n.)	machine	6.4
jīdàn	鸡蛋	(n.)	(hen's) egg	5.2
jìjié	季节	(n.)	season	4.2
jí le	极了		to the extreme	1.5
jí	急	(adj.)	urgent; worried	3.4
jì	计	(n.)	plan	4.5
jiānbǎng	肩膀	(n.)	shoulder	2.3

jiǎn féi	减肥		to lose weight (for health or a good figure)	6.4
jiǎnghé	讲和	(v.)	to make peace with (to stop fighting)	6.5
jiǎo	脚	(n.)	foot	2.3
jiǎozi	饺子	(n.)	Chinese dumpling	2.1
jiéguǒ	结果	(n./adv.)	result; finally; at last	6.5
jīn	金	(adj.)	golden	4.2
jīncàncàn	金灿灿	(adj.)	bright yellow and shiny	4.2
jìn	近	(adj.)	near	3.3
jīngcháng	经常	(adv.)	often	4.3
jīngshen	精神	(n.)	vigor	1.2
jiǔ	酒	(n.)	alcoholic drinks (e.g., beer, wine, liquor)	2.1
jiùshì	就是	(adv.)	exactly	3.4
jiùshì shuō	就是说		it means that…	4.3
jué	觉	(v.)	to feel; to wake	4.2
juéde	觉得	(v.)	to feel; to think	2.2

K٭ ٭...

kāfēi	咖啡	(n.)	coffee	2.1
kāi	开	(v.)	to drive; to open; to start	1.5
kāixīn	开心	(adj.)	happy	5.3
kànjiàn	看见	(v.)	to see	2.2
kàn yàngzi	看样子		it seems like …; it looks like …	6.5
kǎoyā	烤鸭	(n.)	roasted duck	5.2
kē	颗	(m.)	(for pellet-like object)	2.4
kě	可	(adv.)	(used for emphasis)	2.5
kělě	可乐	(n.)	cola	2.3
kěshì	可是	(conj.)	but	1.5
kěyǐ	可以	(v.)	can; could	2.1
kěyǐ	可以	(adj.)	pretty good; not bad; passable	6.5
kè	课	(n.)	lesson; class	1.1
kè	刻	(n.)	quarter	1.3
kěn	肯	(v.)	be willing to	6.5
Kěndéjī	肯德基	(pn.)	KFC	5.4
kǒushuǐ	口水	(n.)	saliva; drool	2.5
kǒuwèi	口味	(n.)	flavor; personal taste	2.2
kǔ	苦	(adj.)	bitter	5.5
kuài	快	(adj.)	quick	1.1

kuài diǎnr	快点儿		to hurry up	1.1
kuàicān	快餐	(n.)	fast food	5.4
Kūnmíng	昆明	(pn.)	the capital of Yunnan Province	4.3

L❧..

là	辣	(adj.)	hot; peppery; spicy	5.3
lāmiàn	拉面	(n.)	hand-pulled noodle	5.4
lánqiú	篮球	(n.)	basketball	1.3
Lánzhōu	兰州	(pn.)	Lanzhou, the capital of Gansu Pronvince	5.4
lǎn	懒	(adj.)	lazy	4.5
lǎohǔ	老虎	(n.)	tiger	1.5
lǎoshi	老实	(adj.)	honest	3.4
lǎolǎoshíshí	老老实实	(adj.)	honest	3.4
lěng	冷	(adj.)	cold	4.1
lěngbīngbīng	冷冰冰	(adj.)	cold as ice; ice cold	4.1
lǐ	理	(v.)	pay attention to	5.5
liǎ	俩	(n.)	two (persons)	2.5
liǎn	脸	(n.)	face	6.2
liáng	凉	(adj.)	cool	4.1
liángshuǎngshuǎng	凉爽爽	(adj.)	cool and refreshing	4.1
língxià	零下	(n.)	bellow zero	4.4
liū bīng	溜冰		to go ice-skating or roller skating	6.1
liú	流	(v.)	to flow (for liquids); to drool	2.5
lóng	笼	(n.)	steamer	5.4
Lóngjǐngchá	龙井茶	(pn.)	*Longjing* green tea	5.3
lóu	楼	(n.)	building	3.3
lǚyóu	旅游	(v.)	to take a tour; travel	5.5
lǜ	绿	(adj.)	green (color)	4.2
lǜchá	绿茶	(n.)	green tea	5.3
lǜyóuyóu	绿油油	(adj.)	bright green and shiny (like newly opened leaves)	4.2
luóbo	萝卜	(n.)	radish	5.5
luò	落	(v.)	to fall; to drop	4.2

M❧..

| mámáhūhū | 马马虎虎 | (adj.) | not too bad | 6.5 |
| Mápó dòufu | 麻婆豆腐 | (pn.) | a spicy tofu(bean curd) | 5.3 |

mài	卖	(v.)	to sell	5.5
Màidāngláo	麦当劳	(pn.)	McDonald's	5.4
mántou	馒头	(n.)	steamed bun	5.4
màn	慢	(adj.)	slow	5.2
máng	忙	(adj.)	busy	6.3
méi wèntí	没问题		no problem; It's okay.	3.4
méiyisi	没意思		uninteresting	2.2
měi	每	(pron.)	every; each	1.3
měilì	美丽	(adj.)	beautiful	6.4
mén	门	(n.)	door	1.5
ménkǒu	门口	(n.)	at the door or entrance	1.4
mǐfàn	米饭	(n.)	cooked rice	5.2
Mǐlǎoshǔ	米老鼠	(pn.)	Mickey Mouse	1.4
mián	眠	(v.)	to sleep	4.2
miánmián	绵绵	(adj.)	continuous	4.3
miànbāo	面包	(n.)	bread	5.1
miàntiáo	面条	(n.)	noodle	5.1
miáotiáo	苗条	(adj.)	having a good figure (shape); slender	6.4
mòshēngrén	陌生人	(n.)	stranger	3.5
mótuōchē	摩托车	(n.)	motorbike	3.3

N❖...

ná	拿	(v.)	to take	2.4
nǎge	哪个	(pron.)	which	2.4
nǎli	哪里	(pron.)	where	2.5
nà	那	(conj.)	then	3.2
nàme	那么	(conj.)	then; in that case	2.5
nánfāng	南方	(n.)	South	4.3
niǎo	鸟	(n.)	bird	4.2
nín	您	(pron.)	you (polite form)	3.4
niúnǎi	牛奶	(n.)	milk	5.1
niúpái	牛排	(n.)	(beef) steak	5.4
nuǎn	暖	(adj.)	warm	4.1
nuǎnhuo	暖和	(adj.)	warm	4.4
nuǎnyángyáng	暖洋洋	(adj.)	warm and cozy	4.1

P

pà	怕	(v.)	to be anxious, worried or afraid	1.5
pāi	拍	(v.)	to pat	2.3
pái	牌	(n.)	playing cards	6.2
páiqiú	排球	(n.)	vollyball	6.1
pàng	胖	(adj.)	fat	5.5
pǎobù	跑步	(v.)	to run	6.1
pén	盆	(n.)	plate; dish	5.5
pí	皮	(n.)	skin (of fruit, vegetable)	2.3
píjiǔ	啤酒	(n.)	beer	5.2
pǐ	匹	(m.)	(for horses)	6.2
piānzi	片子	(n.)	movie; film	2.4
piàn	片	(m.)	piece	3.2
piāo	飘	(v.)	to float or drift in the air	4.3
piàoliang	漂亮	(adj.)	pretty	6.4
pīngpāngqiú	乒乓球	(n.)	pingpong; table tennis	6.1
píng	瓶	(n.)	bottle	5.3
pò kāi	破开		to break; to cut up	4.4
pútao	葡萄	(n.)	grape	2.3

Q

qí chē	骑车		to ride a bicycle	3.3
qǐ chuáng	起床		to get up	1.3
qiān	牵	(v.)	to lead along; pull	5.5
qián	前	(n.)	front; before; ago	3.2
qiánmian	前面	(n.)	at/in the front	3.1
qiāo	敲	(v.)	to knock	1.5
qiáo	瞧	(v.)	to look; to see	6.3
qīngcài	青菜	(n.)	a kind of green vegetable	5.2
qīng	清	(adj.)	clear	6.5
qīngjiégōng	清洁工	(n.)	janitor; caretaker (of a building); trash collector; cleaner	3.5
qǐngwèn	请问	(v.)	to excuse me	1.5
qiūtiān	秋天	(n.)	autunm	4.1
qiúchǎng	球场	(n.)	court (for some ball games)	3.2

quān	圈	(n.)	circle	6.2
quán	全	(adv.)	whole; all	5.3
què	却	(adv.)	however	4.2

R ❖ ....

ránhòu	然后	(adv.)	then; afterwards	3.4
ràng	让	(v.)	to let (someone do something)	2.2
rè	热	(adj.)	hot	4.1
rèhōnghōng	热烘烘	(adj.)	hot all around	4.1
rè sǐ le	热死了		very hot	4.4
ròu	肉	(n.)	meat	5.1
rúguǒ	如果	(conj.)	if	1.5

S ❖ ....

sèlā	色拉	(n.)	salad	5.4
shāngliang	商量	(v.)	to consult	5.5
shàng	上	(n.)	top; on; upper; above	2.3
shàngbian	上边	(n.)	top	2.4
shàng chē	上车		to get in a car, bus or train	3.4
Shànghǎi	上海	(pn.)	Shanghai, a metropolitan in China	3.4
shàng kè	上课		to attend class; to be in class	1.1
shàngmian	上面	(n.)	above; over; on; the top	3.1
shàngwǔ	上午	(n.)	morning (from breakfast to lunch)	1.1
shàng xué	上学		to go to school	1.3
shénqí	神奇	(adj.)	marvelous	6.4
shēntǐ	身体	(n.)	body	1.2
shēng	声	(n.)	sound; voice	4.2
shēngyīn	声音	(n.)	sound; voice	2.5
shēngjiān	生煎	(adj.)	fried	5.4
shēngyi	生意	(n.)	business	5.5
shīzi	狮子	(n.)	lion	6.5
shí	石	(n.)	stone	6.5
shítou	石头	(n.)	stone	6.2
shíhou	时候	(n.)	time	1.3
shíjiān	时间	(n.)	time	1.1
shí shì qiú shì	实事求是		based on solid evidence	3.4

shítáng	食堂	(n.)	dining hall; cateen	1.2
shízài	实在	(adv.)	truly; actually	2.5
shōuhuò	收获	(n.)	harvest	4.2
shǒubiǎo	手表	(n.)	watch	1.5
shòu	瘦	(adj.)	thin	6.4
shū	书	(n.)	book	1.4
shū	输	(v.)	to lose; to be defeated	6.3
shūcài	蔬菜	(n.)	vegetables	5.4
shūfu	舒服	(adj.)	comfortable	6.4
shuǎi	甩	(v.)	to swing (one's arm)	2.3
shuāng	双	(m.)	(for things in pairs, e.g., gloves, socks, shoes, eyes)	2.3
shuǐ	水	(n.)	water	2.3
shuǐguǒ	水果	(n.)	fruit	5.4
shuǐpíng	水平	(n.)	level	6.5
shuǐqiú	水球	(n.)	water polo	6.1
shuì	睡	(v.)	to sleep	1.1
shuìzháo	睡着	(v.)	to fall asleep	1.5
shuō huà	说话		to speak; to talk	2.1
sī	撕	(v.)	to rip; to tear	6.5
sǐ	死	(v.)	to die	6.5
Sìchuān	四川	(pn.)	a province in southwest China	5.3
sìjì	四季		the four seasons	4.1
sōng	松	(v.)	to relax	2.3
suān	酸	(adj.)	sour; acid	5.3
suānlàtāng	酸辣汤	(n.)	vinegar peeper soup	5.3
Sūn Wùkōng	孙悟空	(pn.)	a Monkey King character from *Journey to the West*, representing a person who has strong ability	5.4
suǒyǐ	所以	(conj.)	therefore	1.5

T ❖..

tài	太	(adv.)	too	4.3
tàijíquǎn	太极拳	(n.)	*taijiquan*, shadowboxing	6.3
tàitài	太太	(n.)	Mrs.; wife	5.2
tāng	汤	(n.)	soup	5.1
téng	疼	(adj.)	to ache	2.5
tí	啼	(v.)	to caw or crow (by a bird)	4.2
tíwèn	提问	(v.)	to ask a question	2.3

Tiānjīn	天津	(pn.)	Tianjin, a metropolian in China	5.5
tiānqì	天气	(n.)	weather	1.2
tián	甜	(adj.)	sweet	4.4
tián	田	(n.)	field	4.2
tiào	跳	(v.)	to jump	2.3
tiàogāo	跳高	(v.)	to do the high jump	6.1
tiàoyuǎn	跳远	(v.)	to do the long jump	6.1
tīng	听	(v.)	to listen; to hear	2.1
tīngjiàn	听见	(v.)	to hear	1.5
tīngshuō	听说	(v.)	it is said	2.2
tóu	头	(n.)	head	2.3
túshūguǎn	图书馆	(n.)	library	1.3
tǔ	吐	(v.)	to spit	2.3

W ❖..

wàiguó	外国	(n.)	foreign country	5.3
wàiguórén	外国人	(n.)	foreigner	5.3
wàiyǔ	外语	(n.)	foreign language	5.5
wān	弯	(v./adj.)	to bend; bent or crooked	2.3
wán	完	(v.)	to finish	1.4
wánjù	玩具	(n.)	toy	1.4
wǎnfàn	晚饭	(n.)	supper	1.1
wǎnshang	晚上	(n.)	evening	1.1
wǎn	碗	(n.)	bowl	2.1
wǎng	往	(prep.)	to	2.3
wéi	围	(v.)	surround	5.3
wéiqí	围棋	(n.)	I-go	6.5
wéidà	伟大	(adj.)	great	6.4
wèidao	味道	(n.)	smell; taste; flavor	2.1
wèizhi	位置	(n.)	position	3.1
wén	闻	(v.)	to smell	2.1
wén	闻	(v.)	to hear	4.2
wèntí	问题	(n.)	problem; question	3.4
wǔfàn	午饭	(n.)	lunch	1.1

X ❖ ....

xīcān	西餐	(n.)	western food	5.4
xīlìlì	淅沥沥	(ono.)	sound of rain falling on leaves	4.3
xǐ	洗	(v.)	to wash	1.2
xǐ zǎo	洗澡		to take a shower or bath	1.2
xì	戏	(n.)	drama or play	2.1
xià	下	(n.)	bottom	2.3
xiàbian	下边	(n.)	bottom	2.4
xiàmian	下面	(n.)	below; under; bottom	3.1
xià qí	下棋		to play chess	6.5
xiàwǔ	下午	(n.)	afternoon	1.1
xià xuě	下雪		to snow	4.3
xià yǔ	下雨		to rain	4.3
xiàtiān	夏天	(n.)	summer	4.1
xiān	先	(adv.)	first	1.4
xiānsheng	先生	(n.)	Mr.; sir	5.3
xiànzài	现在	(n.)	now	1.1
xiāng	香	(adj.)	fragrant; sweet smelling	2.1
xiāngjiāo	香蕉	(n.)	banana	5.4
xiàng	向	(prep.)	towards; to	3.2
xiàng	像	(v.)	to be like	2.4
xiàng…yīyàng	像…一样		to be like; to look like	4.3
xiǎo	晓	(v.)	to dawn	4.2
xiǎochī	小吃	(n.)	snack	5.5
xiězìtái	写字台	(n.)	desk	6.3
xīnqíng	心情	(n.)	mood	1.2
xīn	新	(adj.)	new	2.4
xíngli	行李	(n.)	luggage; baggage	3.3
xǐng	醒	(v.)	to wake up	4.5
xiōng	胸	(n.)	chest	2.3
xuěhuā	雪花	(n.)	snowflake	4.3
xuéxí	学习	(v./n.)	to learn; learning	1.2
xuéxiào	学校	(n.)	school	1.1

Y ❖ ....

yā	鸭	(n.)	duck	5.1
yǎnjing	眼睛	(n.)	eye	2.1
yāo	腰	(n.)	waist	2.3
yè	夜	(n.)	night	4.2
yīdiánr	一点儿		a little	1.1
yīgòng	一共	(adv.)	altogether	3.1
yī…jiù…	一 … 就 …		as soon as	6.3
yīyàng	一样	(adj.)	alike; the same	2.2
yīzhí	一直	(adv.)	straight; always	3.2
yǐhòu	以后	(n.)	later; after	2.2
yǐqián	以前	(n.)	before	6.4
yǐwéi	以为	(v.)	to think	6.5
yìsi	意思	(n.)	meaning	2.2
yīnyuè	音乐	(n.)	music	2.1
yínháng	银行	(n.)	bank	3.2
yǐnliào	饮料	(n.)	drink; soft drinks	5.3
yīnwèi	因为	(conj.)	because	4.2
yīnggāi	应该	(v.)	should	6.4
yíng	赢	(v.)	to win	6.3
yíngyǎng	营养	(n.)	nutrition	1.2
yòng	用	(v.)	to use	2.3
yóujú	邮局	(n.)	post office	3.2
yǒu kòng	有空		to have free time	1.4
yǒumíng	有名	(adj.)	famous	5.5
yǒuqù	有趣	(adj.)	interesting	6.4
yóuyǒng	游泳	(v.)	to swim	6.1
yǒushíhou	有时候		sometimes	1.3
yǒuyìsi	有意思	(adj.)	interesting	2.2
yòu	又	(adv.)	too; also	1.5
yòu	右	(n.)	right	2.3
yòumian	右面	(n.)	on the right	3.1
yú	鱼	(n.)	fish	5.1
yǔ	雨	(n.)	rain	4.3
yǔmáoqiú	羽毛球	(n.)	badminton	6.1
yùbào	预报	(v./n.)	to forecast; forecast	4.4

yuǎn	远	(adj.)	far	3.3
yuànzi	院子	(n.)	courtyard	6.3
yuè…yuè…	越…越…		the more… the more…	6.3
yuèláiyuè	越来越		…more and more…	5.5
yùndòng	运动	(v./n.)	to play sports; sports	6.1
Yúnnán	云南	(pn.)	a province in southwest China	4.3

Z∗

zài	再	(conj.)	then; again	1.4
zàiyú	在于	(v.)	to lie in; to consist in	4.5
zǎocāo	早操	(n.)	morning exercises	1.3
zǎofàn	早饭	(n.)	breakfast	1.1
zǎoshang	早上	(n.)	early morning (usually before breakfast)	1.1
zěnme	怎么	(adv.)	how	2.2
zhàn	站	(n.)	bus stop; train station	3.3
zhàn	站	(v.)	to stand	6.2
zhǎo	找	(v.)	to look for; to find	3.5
zhèlǐ	这里	(n.)	here	5.3
zhème	这么	(pron.)	(indicating natural, state, way, degree, etc.)	5.3
zhēn	真	(adv.)	really	2.2
zhěngge	整个	(adj.)	whole; entire	4.5
zhī	知	(v.)	to know; to realize	4.2
zhī	之	(part.)	(often used in Chinese acient literature)	4.5
zhǐ	只	(adv.)	only	2.4
zhǐ	指	(v.)	to point; to indicate	5.5
zhǐ	纸	(n.)	paper	6.5
zhǐ lù	指路		to point the direction	3.5
zhǐtiáo	纸条	(n.)	a piece of paper; a note	1.5
zhōng	中	(n.)	middle	2.3
zhōngcān	中餐	(n.)	Chinese food	5.4
Zhōngguó xiàngqí	中国象棋		Chinese chess	6.5
zhōngjiān	中间	(n.)	middle	2.3
zhōngwǔ	中午	(n.)	noon	1.1
zhōng	钟	(n.)	clock	1.1
zhòngyào	重要	(adj.)	important	2.5
Zhū Bājiè	猪八戒	(pn.)	a character from *Journey to the West*, representing a person who is stupid and lazy	5.4